BIBLIOTHÈQUE CONTEMPORAINE

GUSTAVE SCHLUMBERGER

LES
ILES DES PRINCES

LE PALAIS
ET L'ÉGLISE DES BLACHERNES
LA GRANDE MURAILLE DE BYZANCE
SOUVENIRS D'ORIENT

PARIS
CALMANN LÉVY, ÉDITEUR
RUE AUBER, 3, ET BOULEVARD DES ITALIENS, 15
A LA LIBRAIRIE NOUVELLE

1884

LES ILES DES PRINCES

Imprimeries réunies, B.

LES ILES DES PRINCES

LE PALAIS
ET L'ÉGLISE DES BLACHERNES
LA GRANDE MURAILLE DE BYZANCE
SOUVENIRS D'ORIENT

PAR

GUSTAVE SCHLUMBERGER

PARIS
CALMANN LÉVY, ÉDITEUR
ANCIENNE MAISON MICHEL LÉVY FRÈRES
3, RUE AUBER, 3
—
1884
Droits de reproduction et de traduction réservés.

LES ILES DES PRINCES

I

Naples possède Capri et Ischia; Constantinople a les Iles des Princes. Le Napolitain n'est pas plus fier des joyaux qui parent son golfe, que ne l'est le Grec de Péra de ces îles charmantes, lieu de repos et de plaisir, profilant leurs silhouettes enchanteresses à l'entrée de la mer de Marmara. Comme les crimes de Tibère, presque autant que les splendeurs de la nature, ont rendu Capri fameuse, de même les sombres aventures des empereurs, des impératrices et de tous les exilés de haut rang, relégués dans les couvents de Proti, d'Antigoni et de Prinkipo, à la suite des révolutions dont fourmille l'histoire de Byzance, ont fait de ces îles radieuses un des sites les plus tragiques de l'ancien monde. Nul coin de terre n'est plus fertile en récits de catastrophes lamentables, en enseignements poignants sur la vanité des grandeurs humaines. A ce seul point de vue les Iles des Princes mériteraient la visite de l'historien et du penseur. Peu d'endroits ici-bas ont vu gémir plus de princes et de princesses précipités des splendeurs du Grand Palais impérial au fond d'une cellule de quelque monastère. Joignez à ces émouvants souvenirs, que cet archipel en miniature contient des beautés faites pour ravir l'œil le plus blasé sur les merveilles de l'Italie ou de la Sicile; que nulle part la vue charmée ne se repose sur des côtes plus belles, sur un golfe plus gracieux, sur des lointains montagneux plus grandioses; que nulle part la verdure n'est plus fraîche, plus variée; que nulle part enfin des eaux plus bleues ne viennent baigner plus mollement mille criques ombreuses, mille poétiques falaises : vous comprendrez alors pourquoi les Iles des Princes, tant arrosées de larmes jadis, tant fêtées, tant vantées aujourd'hui, sont un lieu de pèlerinage favori pour tous ceux qu'attirent l'étude d'un passé dramatique ou le charme d'un riant présent.

C'est au grand pont de bois de la Valideh Sultane, ce tumultueux rendez-vous de Stamboul et de Péra, vaste et pittoresque machine condamnée à périr pour être remplacée par un hideux pont de fer, qu'il faut s'embarquer pour l'Archipel des Princes, situé au sud de l'embouchure du Bosphore de Thrace dans la mer de Marmara, au sud-est de Constantinople. Les bateaux à vapeur, qui font le service, sont encombrés d'ordinaire. Pour peu que le vent du sud souffle avec quelque violence à l'entrée de la Propontide, certains mouvements brusques du paquebot mal équilibré viennent avertir les passagers vaguement émus qu'ils ont quitté la Corne d'Or paisible, et que, toute petite qu'elle soit, Marmara peut avoir des titres désagréables au nom de mer. Parfois le tangage et le roulis font rage ; les belles Levantines qui courent à Prinkipo, impatientes d'y produire les plus nouvelles modes apportées par le paquebot de Marseille, deviennent pâles et rêveuses, et, perdant toute coquetterie, s'affaissent contre les bastingages ou s'abîment en longues contemplations sans but ; les Anglais, touristes intrépides, qui volent aux Iles entre une visite à Sainte-Sophie et une course au Bazar, ont des visions d'entre Douvres et Boulogne ; tous hèlent avec enthousiasme l'arrivée au port et la fin de cette navigation qui, pour être plus courte que la traversée de la Manche, est quelque fois aussi pénible. Disons bien vite que c'est là l'exception ; le plus souvent, sous ce beau ciel de Thrace et de Bithynie, à travers cet air si subtil, si léger, incessamment rafraîchi et comme lavé par le voisinage de deux mers, c'est à peine si une brise délicieuse vient atténuer fort à souhait les rayons d'un soleil déjà trop méridional, et c'est sur des flots calmes, d'une transparence merveilleuse, que glisse le bateau à vapeur des Iles.

Généralement, après avoir dépassé Scutari, la Ville Dorée des vieux Byzantins, ses pentes populeuses couvertes de maisons et de casernes, ses mosquées aux blancs minarets et son cimetière célèbre, forêt de tombes et de cyprès poudreux, le bateau s'en va toucher à Kadikeui. L'antique Chalcédoine d'Asie, d'où les armées de Chosroès tinrent dix ans en échec les légionnaires d'Héraclius, montre en pleine cité une humble chapelle, dans laquelle, suivant la tradition, se serait tenu le concile célèbre entre tous, où six cent-trente pères et prélats condamnèrent l'hérétique Eutychès et décidèrent que Constantinople prendrait rang immédiatement après Rome, avant toutes les autres cités ayant siège épiscopal. Il est impossible d'accorder foi à une pareille attribution ; la chapelle est trop petite pour avoir contenu un si grand nombre de vénérables personnages. Aujourd'hui, la rivale de la Byzance hellénique, la ville du concile fameux, où s'élevaient de nombreux palais impériaux mêlés à ceux des plus nobles familles byzantines, est un des principaux lieux de villégiature des environs de Constantinople. Pachas turcs, négociants grecs et aussi européens, anglais en majorité, y ont construit des yalis et des villas d'un goût douteux, dont les longues lignes banales s'étendent au loin sur la rive comme vers la campagne. D'innombrables mouches à vapeur relient incessamment ce Passy asiatique à la métropole ottomane et à son faubourg de Péra.

Immédiatement après Kadikeui, commence la mer de Marmara, et le navire se dirige en ligne droite vers les Iles, dont les vaporeux contours, baignés dans une lumière argentée, vont grandissant rapidement. Le voyageur se trouve ici à l'entrée du profond golfe d'Ismid, dont l'archipel des Princes occupe l'extrême angle oriental; à sa gauche, court la côte de Bithynie que domine le vieux mont Saint-Auxentios, si cher aux moines byzantins; en face, sont les Iles, derrière lesquelles le haut et rocheux promontoire qui cache le golfe de Moudania, et forme la rive méridionale de celui d'Ismid, projette au loin dans la mer le cap de Bouz Bournou; c'est l'ancien cap de Neptune, au-dessus duquel resplendissent les neiges de l'Olympe. Jamais cette imposante et éclatante montagne n'est plus belle qu'au matin, lorsque les rayons du soleil levant la frappent directement et font resplendir sa blancheur rosée sur le bleu du ciel.

Le promontoire de Moda-Bournou, qui porte une partie de Chalcédoine, dérobe un moment aux regards l'ancien port d'Eutrope, dont le nom rappelle l'un des plus vils ministres de Byzance, le vieil et insolent eunuque qui succéda à Rufin dans la faveur d'Arcadius. C'est à ce même port d'Eutrope que se déroula le dernier acte du drame qui coûta la vie à l'empereur Maurice-Tibère, un des meilleurs souverains qu'ait connus l'empire grec. Devant le triomphe de Phocas, grossier officier de fortune, subitement élevé au pouvoir par une révolution inouïe, Maurice, abandonné de tous, voyant

Constantinople en pleine révolte, s'était sauvé du Palais, sous un déguisement, et jeté avec l'impératrice et ses fils dans une barque qui devait le conduire à la côte de Bithynie. Poussé par la violence de la tempête au pied de la solitaire église de Saint-Autonôme, non loin de Nicomédie, le fugitif avait été rejoint par les soldats lancés à sa poursuite, qui le ramenèrent au port d'Eutrope. On le traîna lié sur la plage, en face de son palais et de sa capitale, par une sombre matinée de novembre. Sa fermeté et sa dévote énergie ne se démentirent point ; « il philosophait avec son malheur, » suivant l'expression de Théophane. Pour bien faire durer son supplice, on décapita sous ses yeux les cinq princes ses fils ; à chaque coup de hache, le sang de ces innocentes victimes couvrait d'une horrible rosée le vieux père qui, à chaque fois, s'écriait : « Tu es juste, Seigneur, et justes sont tes jugements ! » Puis il se présenta sans peur au bourreau, qui, en présence d'un peuple immense, fit bondir sa tête blanchie au milieu des blondes chevelures de ceux qu'il avait aimés. Les six cadavres furent jetés à la mer, et les Byzantins superstitieux ne manquèrent point de remarquer que les vagues les rejetèrent à plusieurs reprises, comme si les éléments refusaient de se rendre complices d'un si grand crime. Les têtes, portées à Phocas, furent fichées sur des pieux, en vue des tentes de l'armée rebelle, campée dans la plaine de l'Hebdomon. Lorsque les soldats du parvenu eurent bien insulté ces restes misérables, on permit à quelques fidèles de porter en terre ces reliques dernières de la famille impériale.

Moda-Bournou forme la rive septentrionale du port d'Eutrope ; la rive méridionale est bornée par l'ancien cap Hiereion, où s'élève aujourd'hui le phare que les Grecs appellent simplement Phanaraki et les Turcs Fener-Baxessi. Cette presqu'île en miniature, Fener-Bournou, est un des plus beaux points de vue des environs de Constantinople ; le spectacle qu'offre l'immense capitale hérissée de minarets, est peut-être plus grandiose de ce point que de tout autre. Justinien, bâtisseur de glorieuse mémoire, avait élevé en ce lieu un palais, diverses églises, de grands bains et des portiques décorés de mosaïques dans le goût du jour. Théodora, la hautaine parvenue, y vint souvent passer les étés, fuyant la chaleur lourde et la fine poussière de Byzance ; c'est là que la fille du gardeur d'ours accourait prendre quelque repos au sortir des agitations de la politique, des fureurs du cirque ou des terreurs des grandes séditions, et préparer, en respirant les âcres brises de la Propontide, le plan de quelque nouvelle expédition ou l'assiette de quelque nouvel impôt.

Les îles et îlots connus sous le nom d'Iles des Princes, sont au nombre de sept, d'importance très diverse, disposées suivant une ligne parallèle à la côte de Bithynie : Proti, Antigoni, Pitys, Halky, ou Chalky, Prinkipo, Andérovithos et Niandro. Deux autres îlots, Plati et Oxya, situés plus à l'ouest, vers la haute mer, peuvent être rattachés à cet archipel. Prinkipo est la reine et comme la capitale de ce petit monde insulaire ; la ville qui s'y est élevée renferme les plus belles villas des grandes familles grecques de Péra et du Phanar ; ses pittoresques bois de pins, ses points de vue merveilleux, celui surtout du monastère de Saint-Georges, sont fameux dans tout l'Orient. Puis vient Halky, célèbre encore aujourd'hui par ses beaux monastères, ravissante aussi par la variété de ses bords, la poésie de ses golfes et l'étendue de ses ombrages. Autant ces deux plus grandes îles, qui seules valent à l'archipel sa réputation de beauté, sont vertes et boisées, autant Proti et Andérovithos (ou Térébinthos) sont nues et rocailleuses. Antigoni, longtemps dépouillée, voit de nos jours tout une jeune forêt couvrir ses pentes orientales. Quant à Pitys et Niandro, ce sont de simples rochers, sans importance comme sans histoire.

L'archipel des Princes est aujourd'hui presque uniquement un lieu de plaisance. Prinkipo est le

Trouville fashionable des nations grecque et arménienne. L'élément turc est presque entièrement banni des îles, qui sont demeurées constamment grecques depuis la conquête. Au milieu de l'été, surtout lorsque souffle le vent du sud, la température y est plus élevée que dans les beaux villages du Bosphore, incessamment rafraîchis par les courants et les brises de la mer Noire ; aussi les Iles sont-elles surtout fréquentées au printemps et en automne. Leur climat rappelle celui de l'Archipel ; les oliviers y poussent, ce qui n'est point le cas au Bosphore. Il était de mode, il est encore de mode, aujourd'hui, pour bien des riches familles de Péra, d'aller passer quelques semaines de mai à Prinkipo, avant de s'installer pour l'été à Yénikeuï, à Thérapia ou à Buyuk-Déré. Prinkipo a de bons hôtels, l'air y est d'une pureté extrême, le froid s'y fait peu sentir ; les amateurs de bains de mer affirment que nulle part on n'en prend de meilleurs. Ces causes, jointes à la splendeur du site, à la vue admirable, à la facilité des communications, — il faut un peu plus d'une heure pour aller de Prinkipo à Stamboul, et le service est journalier, desservant chaque île, — font que ce séjour est extrêmement fréquenté.

Les Francs de Péra affluent aux Iles, les Français et les Anglais surtout. Les uns y ont des villas, les autres, plus modestes, y viennent en famille les dimanches et les jours de fête. Pour ces visiteurs d'un jour, pour tous ceux qui n'ont ni villas, ni maisons amies sur le Bosphore, les Iles offrent plus d'attraits ; les excursions y sont plus variés, plus faciles, et chose qui, depuis quelques années, n'est malheureusement pas à dédaigner, la sécurité y est parfaite, ce qu'on ne peut dire toujours des rives du Bosphore et de son plus bel ornement, la forêt de Belgrade.

Le dimanche, il y a foule à Prinkipo, les tables d'hôte regorgent de visiteurs ; les élégantes terrasses d'où l'on jouit d'une vue radieuse sur la côte d'Asie et sur la navigation du golfe, sont encombrées de femmes parées et de Levantins irréprochables, conversant bruyamment aux sons de la musique ; les cafés bâtis sur pilotis au bord de la mer sont assiégés par la foule ; les plus intrépides de ces touristes s'élancent vers l'intérieur de l'île en joyeuses cavalcades, et chaque bouquet de pins se transforme en une salle à manger rustique. Pour recevoir des visiteurs plus modestes, Halky, Antigoni et Proti n'en sont pas plus délaissées. Les jours de fête, toutes les maisons de bois étagées jusqu'au sommet des îles, voient arriver de véritables troupes de parents et d'amis, pressés de fuir pour quelques heures la brûlante poussière du Taksim et de la grande rue de Péra, ou les nauséabonds comptoirs établis dans les coupe-gorge de Galata, dignes successeurs des sombres *fondaci* des anciens trafiquants génois.

Telle est la vie moderne de ces îles bénies de tous les dons d'une nature admirable. Quel contraste avec leur existence d'autrefois, aux temps agités de l'empire byzantin, à cette époque guerrière où la vie était un combat de chaque jour, où chaque jour dévoilait un complot nouveau ! Alors l'aspect des Iles ne ressemblait guère à celui qu'elles offrent aujourd'hui ; aussi sombres, recueillies et silencieuses au milieu de cette mer riante, qu'elles sont maintenant gaies et animées. De grandes forêts de pins, des halliers de myrtes, de térébinthes, dont les derniers rejetons couvrent encore les pentes de Prinkipo et de Halky, les cachaient sous un uniforme manteau de verdure. Dans des clairières dont la note moins sombre éclatait à intervalles parmi cette végétation vierge, se dressaient quelques saints monastères, constructions basses, sans grand intérêt architectural, asiles silencieux, austères et monotones demeures, tombeaux vivants à deux pas de la capitale la plus affairée et la plus bruyante qu'aient connue les siècles écoulés.

Autour de ces édifices pieux qui consistaient en une agglomération d'églises, d'oratoires, de chapelles, avec des logements pour l'higoumène et ses moines, parfois même en un groupe nombreux de cellules isolées, s'étendaient quelques cultures que les caloyers les plus pauvres entretenaient eux-mêmes, que ceux plus fortunés confiaient aux soins de mercenaires ou de paysans, serfs attachés à la glèbe. Partout où la hache des défricheurs n'avait point fait le vide, croissait l'agreste mélange des pins, des myrtes et des autres arbrisseaux odoriférants. Sur la rive des petites criques qui servaient de ports, s'élevaient seules quelques habitations de marins, de boutiquiers, fournisseurs des monastères, peut-être déjà quelques lieux de plaisance et de bonne chère où venaient se récréer les viveurs et les bourgeois de Byzance, entre un bain dans les flots de Marmara et une visite dévote à quelque stylite en renom. Ce sont ces modestes hameaux, analogues des marines italiennes, véritables échelles des Iles, qui ont donné naissance aux riches agglomérations actuelles.

En somme, sous la longue série des empereurs d'Orient, durant dix siècles et plus, les monastères ont constitué la caractéristique de l'archipel des Princes, sorte de Thébaïde insulaire, république de caloyers de tous ordres. Or ces couvents, fondés, en majeure partie, par des princes ou princesses des diverses races impériales qui ont occupé le trône de Constantin, ont, durant toute la durée de l'empire grec, servi de lieu d'exil aux plus illustres personnages de l'histoire byzantine. Narsès le Grand y passa de longs jours ; Romain Diogène, Bardane le Turc y eurent une fin tragique ; la grande Irène, qui faillit devenir l'épouse de Charlemagne, y fut emprisonnée avant d'aller mourir de douleur à Lesbos ; le mystique Michel Rhangabé, l'ambitieux Romain Lécapène, Zoé, cette Messaline du Bas-Empire, le saint patriarche Méthodius, y vécurent dans la retraite ou dans la plus horrible captivité ; une foule de soldats fameux, de ministres puissants, de prélats persécutés y furent déportés. Dans cette Bastille insulaire et monacale de l'empire d'Orient, les lettres de cachet des basileis byzantins ont relégué tour à tour tout ce qui avait brillé ou commandé dans la capitale Toute Sainte, « Constantinople la bien gardée ». Ces monastères ont vu la chute violente et le désespoir tragique des empereurs détrônés, des prétendants vaincus et mutilés, des ministres trahis, des princes du sang sacrifiés à d'odieuses intrigues de cour, des impératrices, des princesses, mères, femmes et filles d'empereurs, transformées en religieuses involontaires. Ils ont vu expirer sur le misérable grabat du caloyer, dans de rustiques cellules, ceux qui avaient longtemps dormi sur les lits faits de fourrures précieuses, sous les mosaïques à fond d'or du Grand Palais Sacré ou de la royale demeure des Blachernes. A ce titre, les couvents des Iles des Princes ont droit, je le répète, à l'intérêt passionné de tous ceux qu'anime la ferveur des choses d'autrefois.

II

La petite île de Proti, que les Turcs appellent communément Tinaki, est, comme son nom l'indique, la première qui se présente au voyageur venant de Constantinople; elle est nue et stérile, à peine cultivée. De pittoresques sentiers tracés par le pied des troupeaux contournent ses flancs et grimpent à son sommet; de toutes parts la vue est admirable; la brise de Marmara tempère les rayons du soleil frappant d'aplomb sur ces vastes espaces découverts; le petit port ou plutôt la jetée, qui tient lieu de débarcadère, forme le centre d'un groupe assez nombreux de maisons de bois dépourvues de pittoresque. Un énorme platane qui s'élève au milieu du village contraste par la vigueur de sa splendide végétation avec la parfaite nudité des pentes environnantes. Le terrain coûtant peu de choses à Proti et la distance de la capitale étant moindre, ce sont, je l'ai dit, de petites gens qui habitent ce premier îlot. Beaucoup de marchands du bazar et des quartiers populeux y retournent chaque soir, leur journée finie. Le bateau qui nous a amenés à Proti un dimanche, y conduit tout un baptême grec qui arrive de la capitale pour célébrer la solennité et se divertir dans quelque propriété de famille; père, mère, nourrice et nourrisson, compère et commère, amis et amies, tous débarquent à l'échelle, tous jusqu'aux accessoires de la cérémonie, jusqu'aux pyramidaux bouquets de fleurs artificielles enveloppés de mousseline blanche, cadeaux des parents à l'église paroissiale.

Le port de Proti, qui existait à l'époque byzantine, est en mauvais état, presque comblé. Le patriarche Constantios, déposé en 1832, retiré depuis à Antigoni où il mourut seulement en 1850, et où il écrivit, il y a plus d'un demi-siècle, sa *Constantiniade* à laquelle je ferai des emprunts nombreux, raconte que sous la domination ottomane le village grec qui existait en ce lieu fut entièrement détruit par des janissaires en rupture de ban et autres vagabonds, sectateurs d'Allah, qui fréquentaient ces parages. La petite ville actuelle est donc de date fort récente. Bien que ses maisonnettes étagées grimpent déjà à une grande distance de la rive, semées dans le plus grand désordre, elle ne pourra jamais s'étendre beaucoup, l'absence d'ombrage entraînant l'absence d'eau et de toute culture, et l'eau de citerne ne pouvant suffire sous un ciel aussi rarement pluvieux.

A l'époque byzantine, trois couvents, peut-être davantage, s'élevaient sur le territoire de Proti. Le premier était situé près du rivage, en face de la côte de Bithynie, non loin d'un grand réservoir d'époque fort ancienne, dont on aperçoit encore nettement les contours. On vient précisément de retrouver des débris malheureusement informes de ce célèbre monastère, en creusant les fondations de la nouvelle église de la Panagia. Ce sont quelques fragments de colonnes de porphyre, quelques chapiteaux mutilés, qu'on peut visiter derrière le village, au pied des pentes qui supportent le réservoir. Cette gigantesque citerne a certainement été creusée pour les besoins du monastère, et ses dimensions considérables attestent de l'antique importance de l'édifice.

Dans ce couvent, dont quelques fûts de colonnes brisées sont aujourd'hui l'unique vestige, ont vécu et souffert deux des plus illustres victimes des incessantes révolutions de Byzance, les empereurs Michel Rhangabé et Romain Lécapène.

Au mois de juillet de l'an 811, Nicéphore Logothète, empereur usurpateur et débauché, et le prince héritier Staurakios son fils, en guerre avec Kroum, roi des Bulgares, avaient fait massacrer les enfants et le bétail de ces terribles barbares et mis le feu à l'aoul royal. Réduit au désespoir, Kroum avait juré de se défendre jusqu'à la mort et était parvenu à attirer les impériaux dans une dangereuse embuscade. Campés dans une plaine partout environnée de montagnes couvertes de forêts impénétrables, les Grecs ne virent point les Bulgares s'efforçant de fermer tous les passages par de grands abatis d'arbres. Ce travail gigantesque fut terminé en deux jours sans que les Byzantins, négligents ou dédaigneux, fissent rien pour s'y opposer. Lorsqu'ils connurent le danger, il était trop tard. Les Bulgares, mettant le feu aux forêts, entonnant leur cri terrible, aux sons des cornes d'aurochs et des tambours de guerre, se précipitèrent par la seule issue demeurée libre sur leurs adversaires affolés. C'était le vingt-cinquième jour du mois. L'armée byzantine périt presque entière avec les principaux personnages de l'empire. Cinquante stratèges et patrices furent massacrés. Tout ce qui refusa d'abjurer le Christ fut décapité, étranglé, tué à coups de flèches par les vainqueurs idolâtres, ou périt dans les cachots ou par la famine. Nicéphore fut assommé à coups de massue et sa tête, portée au roi barbare, fut exposée sur une pique aux regards des hordes triomphantes. Kroum, dit Théophane, fit enchâsser le crâne de sa victime dans une monture d'argent et ne voulut plus avoir d'autre coupe. Lors des longs festins et des interminables orgies, les archontes bulgares buvaient à la ronde dans ce vase tragique, tandis que les chanteurs à demi-nus, venus de l'autre rive du Danube, célébraient les vertus guerrières du glorieux Kagan et la ruine inouïe du basileus byzantin et de sa merveilleuse armée aux cuirasses dorées.

Nicéphore ne fut point regretté. Il avait débuté par se soulever contre sa souveraine, la grande Irène, et s'était fait couronner les armes à la main, reléguant à Prinkipo la princesse déchue. Plus tard il avait traité avec la dernière rigueur son compétiteur Bardane. Les historiens nous le dépeignent avare, dissimulé, de mœurs abominables. Son fils Staurakios lui succéda; mais le jeune prince avait été gravement blessé dans l'embuscade où venait de périr son père. Il put à grand'peine gagner Andrinople où il rallia les débris de l'armée. C'est là qu'il fut proclamé par quelques fidèles, porté sur une litière. Il était de petite taille, chétif, contrefait, et au moral tout le portrait de son père. Un tel chef ne pouvait convenir à l'empire dans d'aussi graves circonstances, lorsque l'ennemi marchait sur la capitale. Staurakios ne fit que passer sur le trône. Dès les premiers jours d'octobre il fut renversé au profit de son beau-frère, le curopalate Michel Rhangabé, mari de sa sœur Procopia. Celui-ci n'accepta la couronne qu'à regret et lorsqu'on lui eut prouvé que Staurakios, qui se défiait, avait commandé de lui crever les yeux. La révolution se fit sans secousse. Le triste Staurakios fut tonsuré et enfermé dans un monastère où il mourut bientôt.

Michel, était de famille noble, fils et petit-fils de hauts dignitaires. D'incontestables qualités semblaient lui présager un règne glorieux ; mais il était faible, indolent, et se laissa dominer par l'impératrice Procopia, princesse intelligente et courageuse, mais hautaine et d'une insatiable ambition. Les proscriptions, les effroyables exactions de Nicéphore avaient rapidement amené une misère générale, un mécontentement universel. D'autre part, la terrible querelle des Iconoclastes continuait à diviser l'empire. Nicéphore et Staurakios avaient cruellement proscrit le culte des saintes Images. Michel le rétablit, mais il ne put terminer le schisme. Les Iconoclastes remplissaient toujours l'empire et même la capitale. L'empereur avait eu beau les faire expulser en masse de Byzance avec les Pauliciens et les Athingans, sectaires fanatiques ; il avait eu beau les effrayer par des supplices et faire couper la langue à un faux ermite qui avait publiquement abattu une image vénérée de la Panagia en proférant d'horribles blasphèmes, les hérétiques relevaient incessamment la tête, sourdement soutenus par une foule de hauts personnages. Les affaires militaires ne présentaient pas un aspect plus prospère. Une première campagne contre les Bulgares avait été malheureuse. La présence de l'impératrice à l'armée avait violemment mécontenté chefs et soldats. L'ennemi, facilement victorieux, brûlait les campagnes de Thrace et forçait les villes les unes après les autres. Bref, ce fut un règne des plus malheureux. Rhangabé, animé des meilleures intentions, ne savait pas se faire respecter; on conspirait ouvertement, et lui, plein d'illusions, ne voulait soupçonner personne. L'anarchie était telle qu'une sorcière célèbre, secrètement encouragée par les ennemis de Michel, put chaque jour, durant un long espace de temps, insulter l'empereur à son passage, lui criant : « Descends du trône, basileus couronné, cède la place à un plus digne que toi. »

Au printemps de l'an 813, une nouvelle bataille contre les Bulgares précipita les événements. Léon l'Arménien, patrice, fils de Bardas, était chef des Orientaux à l'armée impériale; autrement dit, il commandait les contingents des deux thèmes Arméniaque et de Cappadoce. Au combat d'Andrinople, il lâcha pied avec les siens et transforma en déroute désastreuse une victoire presque assurée. Pendant que l'empereur courait vers Byzance chercher des renforts, l'Arménien rusé se fit proclamer à Andrinople. Poursuivant ce système de duplicité qui, plus tard, devait lui valoir le sobriquet de *Caméléon*, il avait d'abord feint de résister aux sollicitations de ses partisans. L'un d'eux, Michel le Bègue, avait été jusqu'à s'écrier, saisissant son épée : « Si tu ne défères à nos vœux, cette arme te transpercera sur l'heure », prophétie involontaire dont le souvenir frappa vivement les esprits superstitieux de Byzance, lorsque, huit ans plus tard, l'Arménien couronné tomba sous les coups des conjurés soulevés par ce même Michel. Pour l'heure, la comédie était bien jouée. Maître de l'armée ralliée, l'usurpateur marcha sur la capitale, n'ayant souci des Bulgares vainqueurs qui, pour la centième fois, reprenaient leur campagne de pillage.

On s'attendait à une lutte ardente entre les troupes demeurées fidèles et les contingents orientaux. Mais Michel Rhangabé, dégoûté du pouvoir, surmontant l'indignation que lui causait l'ingrate conduite du rebelle, jadis rappelé par lui de l'exil imposé par Nicéphore, annonça sa ferme intention d'abdiquer, avant qu'une goutte de sang ne fût versée. Une scène dramatique suivit cette déclaration. Les fidèles de l'empereur, toutes ses créatures qui voyaient déjà en perspective les innombrables supplices inséparables de tout avènement byzantin, se traînèrent à ses genoux, le conjurant de ne pas renoncer à la lutte. Procopia surtout, désespérée de cette chûte qui ruinait son ambition, se jeta suppliante aux pieds de son époux. Tantôt furieuse, tantôt plaintive, elle épuisa les remontrances ; elle invoqua ses fils détrônés, le jeune Théophylacte surtout, depuis peu associé à l'empire, celui-là même dont les introuvables médailles d'or sont un des joyaux de la numismatique byzantine, et

pour lequel l'empereur avait fait demander à
Charlemagne la main d'une princesse franque.
Procopia parla de ses filles réduites à prendre le
voile, de toutes ces jeunes vies menacées par la
cruauté bien connue du prétendant. Sa fureur
s'exhala contre celle qu'elle détestait entre tous,
Théodosie, femme de Léon, fille du patrice arménien Arshavir. « Je verrai donc ma couronne,
criait-elle, passer sur la tête de cette prostituée », usant, au reste, d'une épithète autrement
énergique, par laquelle elle avait, paraît-il, coutume de désigner la peu chaste épouse du prétendant. Rien n'y fit; Michel, inébranlable, déposa les insignes de la royauté et les envoya à
Léon; c'étaient : la couronne, ou *stemma*, bonnet de soie, cousu de rangs de perles et de diamants, enfermé dans un cercle d'or horizontal et
dans deux arcs verticaux surmontés d'une croix;
la robe de pourpre aux agrafes d'or rehaussées
de pierreries, avec une plaque d'or posée sur la
manche droite portant le portrait ciselé du dernier basileus; les brodequins rouges brodés

d'or; le sceptre cruciforme et le globe crucigère. En même temps le pauvre empereur fit dire au vainqueur que les portes de la Ville lui étaient ouvertes. Puis il se fit tonsurer avec ses fils et revêtant ainsi que tous les siens la robe monacale que tant de princes et de princesses avaient endossée avant lui pour échapper à la mort, il se retira dans l'église du Phare, attendant le bon plaisir de Léon.

Cette église du Phare, bien souvent mentionnée par les chroniqueurs byzantins, était un oratoire situé dans l'intérieur même du fameux édifice de ce nom. On sait que le Phare était construit dans l'enceinte du Grand Palais ; M. Paspati, l'infatigable chercheur des ruines de Byzance, croit en avoir retrouvé les restes précieux au milieu d'une agglomération de maisons turques jusqu'ici négligées par les archéologues, par M. Labarte lui-même, l'historien du Grand Palais de Byzance. J'espère revenir un jour sur cette découverte très récente et sur l'histoire de ce monument curieux entre tous.

Il me suffira de rappeler que du haut de la vaste terrasse qui dominait le Phare, le Grand Palais correspondait avec toutes les provinces d'Europe et d'Asie, avec tous les thèmes d'Occident et d'Orient, par le moyen de signaux et de grands feux allumés de distance en distance. Ce monument était la sécurité de la vaste capitale; grâce à lui, la plus légère atteinte aux mouvantes frontières de l'empire, la moindre incursion des barbares du nord et du sud, des féroces Petchenègues ou de la cavalerie sarrasine au delà de l'Ister ou de l'Euphrate, était annoncée à l'empereur avec une rapidité extraordinaire. J'oublie quel auteur byzantin a dit le nombre d'heures que prenait ce télégramme des siècles passés pour arriver du Taurus à l'Hellespont et franchir l'Asie-Mineure tout entière, d'Antioche ou de Tarse à Byzance, mais il s'agit d'un espace de temps véritablement minime. Le premier phare secondaire de la ligne d'Asie, était dressé sur le mont Saint-Auxentios, d'ascétique renommée, dont la haute silhouette domine au loin la

plaine de Scutari et les campagnes de Haïdar
Pacha. Des veilleurs militairement organisés,
tout un corps spécial de vedettes d'élite, y
montaient sans cesse la garde, prêts à transmettre à la grande chancellerie les nouvelles qui
venaient de l'intérieur. Les empereurs pouvaient dormir tranquilles. L'un d'eux, cependant,
trouva que le Phare troublait son repos. C'était
en 866, cinquante-trois ans après la chute de
Michel I*er* Rhangabé, et sous le règne de l'abominable tyran Michel III, surnommé l'*Ivrogne*, du
moindre de ses vices. La foule était assemblée
à l'Hippodrome où l'on célébrait par des courses
de char, la naissance d'un enfant, fils du co-empereur Basile et d'Eudoxie, fille d'Inger, concubine de Michel, déjà enceinte des œuvres de ce
dernier, lorsque ce mariage forcé avait été consommé. Michel, constamment ivre, courait en
personne sous les yeux de la populace, et nouveau Néron passionné pour les luttes du cirque,
revêtu de la livrée des vénètes ou *bleus* qu'il
favorisait de tout son pouvoir, sortait toujours

vainqueur de ces combats dérisoires. Il ne lui restait qu'une course à gagner, pour aller, suivant sa coutume impie, et malgré l'opposition du patriarche Ignatios, recevoir le prix des jeux dans la sainte église des Blachernes, où une statue automatique de la Panagia magnifiquement parée, lui plaçait la couronne sur la tête. Soudain des cris retentissent; tous les yeux se portent vers le Phare dont les signaux annoncent quelque nouvelle importante : ce sont les Sarrasins de l'émir de Mélitène qui ont envahi les provinces d'Asie et menacent l'empire d'une grave incursion de pillards. Alors Michel voyant la foule distraite, craignant qu'elle n'accorde plus à ses prouesses hippiques une attention suffisante, entre dans une grande fureur, criant que l'existence lui va devenir impossible, si les soucis des affaires doivent le relancer ainsi jusque parmi ses distractions les plus chères; il ordonne de supprimer tous ces signaux importuns, de licencier le service des veilleurs, et, s'inquiétant peu d'exposer l'Asie entière à des dangers aussi sérieux, il retourne à son char et à ses chevaux.

C'était donc dans cette église du Phare dédiée à la Panagia, que Rhangabé et sa famille s'étaient retirés. Léon, proclamé sur une tribune élevée en hâte en dehors de la Porte Dorée, fit le lendemain son entrée triomphale dans la Cité Gardée de Dieu. Il n'hésita pas à signer la formule par laquelle, il s'engageait, lui, l'ardent iconoclaste de l'avenir, à protéger la religion catholique et spécialement le culte des *Icones*, puis il se rendit dans la Grande Église pour y être couronné sur l'ambon. Ses cheveux étaient si rudes, pareils à des poils de sanglier, que le patriarche Nicéphore en plaçant le cercle d'or sur sa tête se sentit piqué comme par des épines, présage funeste, répètent à l'envi les chroniqueurs, indice certain d'une âme impitoyable. L'usurpateur était de petite taille; il portait un justaucorps écarlate, et comme il quittait cet habit de guerre pour revêtir la robe de pourpre, il le remit aux mains de Michel le Bègue, qui

l'endossa sur-le-champ. Plus tard, lorsque Léon
eut été assassiné par ordre de ce même Michel,
on se souvint de cette circonstance, faite pour
frapper les esprits les plus superstitieux qu'il y
eût au monde, ceux de cette plèbe byzantine
crédule entre toutes.

Cependant Michel et Procopia, renfermés dans
le saint oratoire, attendaient que leur sort se
décidât ; Léon n'osa les faire périr et se fiant au
désintéressement bien connu de Rhangabé, se
contenta de le reléguer dans le monastère de
l'île de Proti. Le prince détrôné s'y laissa docilement conduire. Procopia fut rasée et enfermée
avec ses filles, Gorgon et Théophano, dans le
cloître qu'elle avait fondé à Byzance, en l'honneur
de sa patronne onomastique ; elle y vécut dans
la solitude, le désespoir et la misère. Théophylacte et Nicétas, les deux fils survivants qu'elle
avait eus de Michel, furent mutilés suivant la
coutume du temps et exilés auprès de leur
père au couvent de Proti. Léon avait assigné
une modeste pension à l'homme qu'il avait bru-

talement dépouillé. Elle fut si mal payée que le pauvre prince tomba dans un complet dénuement. Il ne proféra aucune plainte, et sous le nom monacal d'Athanase, mena vingt-sept ans durant la vie austère et misérable du plus humble caloyer. De la fenêtre de sa cellule il voyait reluire au soleil couchant les tuiles dorées du Grand Palais où jadis il avait régné. Oublié de la foule qui ignorait jusqu'à son existence, il ne prêta qu'une attention distraite aux événements qui se succédaient à Byzance. Il vit, sans s'émouvoir, l'Arménien qui l'avait chassé tomber sous les coups des partisans de Michel le Bègue ; il vit les luttes du nouvel usurpateur contre le prétendant Thomas auquel on coupa les pieds et les mains avant de l'empaler, puis encore le règne de l'iconoclaste Théophile, qui répara la grande muraille de Constantinople, qui fit peindre sur les parois des églises des animaux en place des Images, qui fit brûler l'intérieur des mains au moine Lazare, peintre d'*Icones* renommé, et qui, parce qu'il était devenu chauve, ordonna à tous, sous peine du fouet, de se raser la tête, et cela sous le prétexte audacieux d'en revenir à l'ancienne simplicité romaine. Jamais l'envie de la pourpre ne vint tourmenter l'âme du vieux solitaire, parfaitement détaché des biens de ce monde; jamais il ne regretta le pouvoir comme l'avait fait Dioclétien. S'astreignant aux plus dures pénitences, il n'en atteignit pas moins un âge avancé et ne mourut qu'en 840. Son fils aîné, moine sous le nom d'Eustathios, lui survécut de cinq ans, et porta la robe de bure pendant plus de trente années; le second, qui avait pris au monastère le nom d'Ignatios, fut un prélat illustre, devint patriarche de Constantinople, chef respecté de cette Église bizarre pour laquelle la pire des mutilations ne constituait pas toujours un obstacle aux plus hautes fonctions sacerdotales.

III

Dans ce même bas couvent de Proti, où vécut et mourut Michel Rhangabé, les moines grossiers, spectateurs insouciants de ces grandes chutes historiques, virent arriver, presque exactement un siècle plus tard, un autre empereur, victime d'une aventure plus cruelle encore, Romain Lécapène, qui, après avoir été un capitaine fameux, après avoir régné non sans gloire l'espace de vingt-quatre années, succombait à un complot ourdi par ses propres fils. D'abord tuteur de Constantin VII, le célèbre Porphyrogénète, puis son collègue et son beau-père à la fois, Romain avait fini par se saisir du pouvoir tout entier. Le basileus légitime ne régna longtemps que de nom. Non content de porter la couronne, l'ambitieux régent avait fait nommer augustes, ses trois fils, les princes Stéphanos, Christophe et Constantin. Ses incessantes préoccupations dynastiques causèrent sa perte.

En 944, une conspiration se forma, dans laquelle le Porphyrogénète trempa certainement, mais qui fut surtout l'œuvre des fils même de Romain, impatients du pouvoir. Ces jeunes gens paraissent du reste avoir joué dans toute cette aventure un vrai rôle de dupes. Il avait été convenu qu'avant tout on se saisirait de Romain, malade en ce moment. Un jour que le vieux souverain était couché seul dans le grand cubiculum du Palais Sacré, étendu sur la peau de tigre qui lui servait de couche, ses serviteurs ayant été écartés, l'empereur Stéphanos, l'aîné de ses fils survivants, se précipita sur lui avec quelques soldats étrangers. Comme il se dressait tout effaré, on le lia sans lui permettre de se vêtir, on le roula dans une toile épaisse qui paralysait ses mouvements. Comprenant qu'il serait égorgé à la moindre résistance, le malheureux ne donna plus signe de vie. La troupe de bandits, emportant son tragique ballot, courut sans bruit à travers les cours du Palais. Une barque attendait sur la rive; Romain Lécapène y fut déposé et l'embarcation vola vers l'île de Proti. Voilà comment se faisaient les révolutions à Byzance; ainsi se défaisaient les empereurs.

Pendant qu'à la nouvelle de ce crime audacieux une immense rumeur éclatait au Palais et qu'au désespoir des fils de Romain, le peuple soulevé, qui croyait le Porphyrogénète assassiné, demandait à grands cris qu'il se montrât à tous les yeux, l'empereur déposé débarquait au pied du couvent où avait vécu Michel Rhangabé. Une cellule l'attendait; ses cheveux tombèrent incontinent sous les ciseaux consacrés; on jeta sur ses épaules la courte robe brune du caloyer, et celui qui avait été longtemps un général heureux, qui, la veille encore, était le premier de cinq empereurs, ne fut plus au matin qu'un humble frère dans un humble couvent. Une aussi violente aventure eut sur l'esprit de Lécapène un résultat inattendu. Il avait été libertin, remuant, ambitieux, envahissant, à tel point amoureux du premier rang, que, pendant vingt ans et plus, Constantin Porphyrogénète, l'héritier légitime, après que sa mère, la régente Zoé, eut été chassée du palais, s'était vu reléguer dans une ombre complète, et que les monnaies frappées durant cet intervalle, ne portent que la seule effigie de Romain, parfois celle de ses fils, sans presque aucune mention de Constantin. Après son brusque exil, Romain fut du coup comme transformé. Son confesseur ordinaire, le moine Sergios, homme d'église remarquable, qui, depuis peu, avait entrepris sa conversion, vint le rejoindre à Proti. Ce saint homme est même accusé par certains chroniqueurs d'avoir été la cause involontaire de la déposition de son pénitent, en prédisant que les fils de Romain périraient comme ceux du grand prêtre Élie, prophétie qui alarma les jeunes princes, et qu'ils voulurent prévenir en chassant leur père. Un autre homme d'église, Polyeucte, higoumène du monastère où était enfermé Romain, se joignit à Sergios. Tous deux s'attachèrent à soulager cette grande infortune. Le premier moment d'anéantissement passé, Romain retrouva bien plus vite qu'on aurait pu le croire, le calme et presque le bonheur. Il mena, lui aussi, la vie d'un moine exemplaire, ne murmurant point, ne proférant aucune plainte contre ses fils ingrats. Il fut du reste bientôt vengé.

Trente-neuf jours après la déposition de Romain, le Porphyrogénète se révéla soudain; secondé par sa femme, propre sœur des Lécapénides, il fit saisir à la table impériale, par des soldats macédoniens, ses beaux-frères qui ne cessaient d'intriguer contre lui; comme ils avaient fait à leur père, ainsi leur fit-il; ils furent rasés, faits moines et expédiés en exil. On relégua l'un à Antigoni, l'autre à Andérovithos. Auparavant, ils obtinrent d'aller saluer leur père à Proti. Ce fut une scène étrange, dans le parloir du monastère, que cette rencontre entre ces trois empereurs détrônés, portant tous trois le froc du moine. Il semble même que Constantin ait songé un moment à maintenir le père et les fils dans la même prison, mais Romain le pria de ne pas laisser auprès de lui ceux qui n'avaient pu souffrir sa présence au Palais.

Suivant les récits byzantins, les jeunes empereurs fondirent en larmes à la vue de leur père en cet accoutrement misérable, et lui, les serrant sur son cœur, pleurant sur eux, s'écria dévotement avec le prophète : « Je les ai engendrés, je les ai exaltés, et ils m'ont méprisé! » Luitprand, tout au contraire, qui fut contemporain de ces événements, et qui a du moins le mérite, comme le dit fort bien M. Rambaud[1], de ne point constamment hiératiser ses personnages, prétend que Romain, apprenant la chute de ses fils, loua le Seigneur; courant à leur rencontre, il les accueillit avec un empressement malicieux,

---

1. *L'empire byzantin au* X^e *siècle*, p. 22.

les traitant de collègues en religion, comme jadis il les avait fait ses collègues sur le trône, leur offrant, en guise de couronne, de partager son eau claire, son pain noir, ses fèves fraîchement cueillies, ses légumes grossièrement assaisonnés.

Constantin avait ordonné que l'entrevue fût courte. Les deux princes partirent pour l'exil où ils devaient périr tous deux de mort violente, l'un trois ans après, l'autre beaucoup plus tard. Quant à Lécapène, il vécut paisiblement sur son rocher de Proti, répétant sans cesse aux moines ses confrères, combien il se sentait plus véritablement roi en servant avec humilité les serviteurs de Dieu, qu'en commandant à des sujets aussi méchants que lui-même. Sa dévotion était étroite et naturellement superstitieuse. La nuit même où son fils Constantin périt massacré par ses gardiens dans l'île de Samothrace, il vit en songe le malheureux précipité en enfer. Il en conçut tant d'épouvante qu'il crut devoir envoyer des messagers au patriarche de Jérusalem et au pape de Rome, pour réclamer leurs prières en faveur du trépassé. En même temps, voulant faire pénitence publique, il convoqua à Proti tous les caloyers des monastères voisins. L'histoire de cette confession impériale est curieuse et peint bien cette époque étrange. Trois cents religieux répondirent à l'invitation du moine empereur; il en vint des couvents des Iles, de tous ceux qui peuplaient les côtes de Bithynie et les pentes boisées de l'Olympe, il en vint du grand monastère des ascètes qui couronnait le mont Saint-Auxentios, des cellules de Plati et des colonies de stylites des rives du Bosphore. Une messe solennelle fut célébrée.

A l'élévation, l'impérial pénitent, quittant sa robe, demeura debout, en chemise, au milieu de la nef, et lut à haute voix un écrit contenant sa confession universelle. La chronique omet de dire si l'énumération de tant de crimes commis en vingt et quelques années de règne fut bien complète, mais, à chaque article, la foule des caloyers, fondant en larmes, répétait en chœur : « Seigneur, ayez pitié de lui. »

Romain, parcourant ensuite les rangs pressés des moines, demanda à chacun l'absolution, se prosternant à chaque fois. Puis il communia; puis, tandis que les religieux s'assemblaient au réfectoire, ce pénitent endurci voulut encore se faire fustiger publiquement par un enfant déguenillé qui avait été dressé à lui crier à chaque coup de verge : « Mets-toi à table, misérable vieillard. » Romain ne s'assit qu'après que les autres eurent terminé leur repas, pleurant et gémissant à haute voix à chaque bouchée. Une copie de sa confession, authentiquée et scellée de sa bulle, fut adressée à chaque moine des environs qui n'avait pu assister à la cérémonie, avec prière instante de réciter les oraisons accoutumées en faveur du prince.

Toutes ces cérémonies qui nous paraissent puériles, mais auxquelles les Byzantins attachaient une importance considérable, jointes aux visites qui souvent lui venaient de la capitale, contribuaient à distraire ce reclus involontaire; il faisait ainsi contre mauvaise fortune bon cœur Il devait, du reste, jouir d'une considération toute spéciale parmi ces grossiers caloyers qui tenaient à le ménager, familiarisés qu'ils étaient avec l'imprévu des révolutions à Byzance. Il mourut au couvent de Proti, après quatre ans de retraite, le 15 juillet 948. Le Porphyrogénète fit rapporter son corps à Constantinople, où il fut inhumé dans un monastère jadis fondé par lui.

IV

Le second couvent de Proti, de dimensions peu considérables, s'élevait sur la crête même de l'île, à quelques centaines de pas au-dessus de la rive qui porte la petite ville actuelle. Il ne reste plus trace aujourd'hui de ce vieil édifice, sauf quelques substructions insignifiantes qu'on aperçoit sur l'esplanade au-devant du couvent moderne. Il en est ainsi, du reste, de tous ces monastères de Proti. De ces trois édifices de l'époque byzantine, tout vestige matériel a, pour ainsi dire, disparu. La majeure partie de leurs matériaux ont, après la conquête, servi à la construction de monuments publics; le reste a contribué à l'achèvement du monastère de la Transfiguration, qui s'élève aujourd'hui sur l'emplacement de ce second vieux couvent de Proti. Comme tous ceux du même nom en Orient, constamment situés sur quelque sommet, cet édifice jouit d'une vue superbe, tant à l'orient sur la côte prochaine de Bithynie, qu'à l'occident sur la haute mer et l'Olympe. Il n'offre, par lui même, aucun intérêt. Déserté par les moines, il sert d'habitation à quelques pauvres familles, modestes locataires de cette rustique demeure; dans la cour tout ensoleillée, dallée de grandes pierres rongées par les ans, sur lesquelles on déchiffre encore les vestiges de quelques inscriptions funéraires, courent des enfants à demi-nus, bondissent des chevreaux broutant la vigne folle qui recouvre la margelle de l'antique et vaste citerne conventuelle. Dans un angle, sous un auvent, s'abrite la porte de la chapelle, que desservent seuls deux religieux à la longue barbe blanche, à la triste défroque rapiécée, uniques représentants des nombreux caloyers de jadis.

La chapelle même est un type parfait de ces modestes oratoires si nombreux en pays orthodoxe, auxquels la vieille dorure des fonds, la profusion des icones et des tableaux dorés, brunis par le temps, l'odeur d'encens partout répandue, les nombreuses inscriptions en caractères étranges, impriment, malgré la pauvreté, la misère navrante de l'ensemble, je ne sais quel caractère de grandeur déchue et de pompe surannée, qui commande le respect, et évoque les pieux souvenirs des jours d'autrefois.

Parlons du monastère ancien, celui dont il ne reste plus trace, et qui, cependant, mérite une place à part entre tous ceux des Iles par les drames historiques dont il a vu le dénouement terrible. Avant tout, il est célèbre par le grand nom de Romain IV Diogène, un des empereurs les plus méritants et les plus infortunés qui aient ceint le diadème blanc des successeurs de Constantin. Ce fut lui qui fonda ce couvent, et c'est là même qu'il périt d'une mort affreuse, après les sombres aventures qui ont rendu son nom si populaire dans tout l'Orient.

Je ne reviendrai point sur les origines de Romain Diogène, figure sympathique entre toutes celles dont les chroniques byzantines nous ont conservé le souvenir. Né en Cappadoce, soldat intrépide, nommé grand vestarque, puis gouverneur ou duc de Serdique, dans l'ancienne Mœsie, il s'était insurgé à la mort de l'empereur Constantin Ducas. Fait prisonnier, et conduit aussitôt devant l'impératrice régente Eudoxie, veuve du souverain défunt, il avait été, contre toute attente, gracié, puis choisi par la princesse pour devenir son nouvel époux. Dès le 1er janvier 1068, elle s'unit à lui, au mépris du serment qu'elle avait fait à Constantin Ducas de ne point se remarier, et l'associa à l'empire, le donnant pour tuteur à ses trois fils. C'était l'époque où Alp-Arslan, sultan des Turcs, successeur de Togroul, attaquait de toutes parts les thèmes asiatiques de l'empire; des montagnes du Pont et de l'Arménie aux campagnes d'Antioche, il n'était pas un point de la frontière qui ne fût exposé aux incessantes incursions de sa formidable cavalerie. Les plus grandes villes des provinces centrales, de la Phrygie, de la Galatie, de la Cappadoce, étaient menacées.

Ce fut dans ce péril, pour avoir à opposer au sultan quelque homme de valeur, capitaine renommé, qu'Eudoxie se détermina à contracter une union fort antipathique à ses inclinations secrètes. Elle était de mœurs élégantes, savante et lettrée, passionnée pour les choses de l'esprit, nourrie de lectures abondantes, auteur elle-même, écrivain fécond et non sans mérite. Quelle sympathie pouvait éprouver cette femme raffinée pour le vaillant mais inculte capitaine, sorti de cette sauvage Cappadoce, dont les fils passent encore aujourd'hui, comme aux temps des Hellènes et des Byzantins, pour les plus grossiers des habitants de l'Asie-Mineure? Romain conserva sur le trône ses manières soldatesques, qui faisaient le désespoir de l'impératrice. Mais ce n'est point de ces détails de cour que j'ai à arler ici, c'est plutôt de la tragique aventure qui conduisit le nouvel empereur aux rivages de Proti.

Le grand péril du moment était le Turc. Diogène, à peine proclamé, passa en Asie, à la tête de l'armée. En peu de temps il eut relevé le moral du soldat et réorganisé la discipline tombée dans un indescriptible désarroi. Deux années durant, on le vit soutenir contre les Infidèles une lutte acharnée et presque constamment heureuse. Des rives du Pont-Euxin et du grand lac Van, il courait en Cilicie, en Syrie, à Alep, à Hiéropolis, partout contenant l'ennemi, habilement secondé par de nombreux et illustres lieutenants, ne faisant à Byzance, dans les délices du Palais Sacré, que de rares apparitions, y laissant tout à l'aise la tourbe des envieux conspirer sa perte auprès d'Eudoxie. A la tête du parti qui lui était opposé, s'agitait le césar Jean Ducas, frère du dernier empereur, homme ambitieux et froidement cruel, furieux d'avoir vu le pouvoir passer de ses mains à celles d'un parvenu.

Tant que Diogène fut vainqueur des Turcs, le prestige du succès contint les haines sourdes, mais un jour vint où la fortune le trahit. C'était en 1071, au cours d'une troisième campagne. Romain Diogène avait cette fois porté le gros de ses forces du côté de l'Arménie. Il se trouva en face du sultan, non loin de la place forte de Mantzikiert, sur le fleuve Araxe. Après quelques négociations imprudemment rompues par Diogène, une grande bataille s'engagea le 26 du mois d'août. La défection d'un des chefs grecs, Andronic Ducas, fils du césar, entraîna la déroute des Impériaux. Diogène, après s'être épuisé à ramener les fuyards, désespéré, voulant mourir, lutta longtemps encore; son cheval fut tué; lui-même, couvert de blessures, dont une à la main droite, ne pouvant plus manier sa lourde épée, fut jeté à terre; comme on allait l'achever, il fut reconnu par un fantassin turc qui avait été esclave à Byzance, et qui lui sauva la vie pour gagner sa rançon. Le soleil était couché et l'empereur captif dut passer la nuit sur la terre nue comme le dernier prisonnier, tant celui qui l'avait pris craignait qu'on ne le lui enlevât, s'il venait à être reconnu.

Le lendemain, Diogène, tout souillé de sang, fut amené au sultan qui douta d'abord, ne connaissant point les traits de son terrible adversaire. Alp-Arslan ne se laissa convaincre qu'après avoir assisté à la reconnaissance de Diogène par les autres chefs grecs captifs. Alors eut lieu une scène émouvante. Le Turc, sauvage dans sa joie, bondissant de son siège, renversa d'un coup violent le basileus debout devant lui, le souffleta à quatre reprises, et montant sur lui le foula aux pieds. Puis, ce premier moment de rage satisfaite, quand il eut bien ainsi, selon la coutume orientale, affirmé par cet acte matériel que l'empereur vaincu était devenu sa chose et son esclave, subitement radouci, il changea brusquement d'attitude. Autant il avait été brutal, autant il se montra généreux et plein de noblesse. Il releva Diogène, l'embrassa, le traita comme son égal. Au bout de quelques jours il lui rendit même la liberté, après conclusion d'un traité de paix perpétuelle, par lequel l'empereur s'engageait à payer une rançon de 150 000 pièces d'or avec un tribut annuel de 360 000 pièces, somme immense pour l'époque.

Romain délivré perdit du temps à Théodosiopolis à se remettre de ses blessures. Arrivé à Colonée, dans le Pont, il manda à l'impératrice son prochain retour. La nouvelle tomba comme un coup de foudre au Palais Sacré. La faction hostile avait cru l'empereur mort ou tout au moins captif pour de longs jours. Le césar Jean, qui était en disgrâce, occupé à chasser sur ses terres de Bithynie, était accouru à Byzance, et avait recommencé à intriguer. Le retour inopiné de Diogène, dont il redoutait la vengeance, fit cesser ses hésitations. Soulevant la garde impériale, il fit proclamer seul empereur, le jeune Porphyrogénète Michel, fils aîné d'Eudoxie et de Constantin Ducas, et, prenant en mains la régence, fit déclarer Romain Diogène usurpateur à toujours déchu du pouvoir. Puis, comme Eudoxie devenait gênante, le césar fit si bien que la princesse, affolée par les cris des Varègues soulevés et envahissant le Palais, consentit à se retirer, elle aussi, au monastère de Piper, qu'elle avait construit sur le Bosphore en l'honneur de la Toute Sainte.

Elle venait à peine de s'y installer, qu'une ordonnance signée de son fils, lui enjoignit de se faire couper les cheveux et de prononcer les vœux monastiques. La fière princesse dut se résigner à ce dernier outrage. Nous la verrons tout à l'heure veiller au chevet de Diogène mourant. Qu'il me suffise de rappeler qu'Eudoxie survécut au moins vingt-cinq ans à sa déposition, et que ce fut probablement dans sa cellule du Bosphore qu'elle écrivit ses principaux ouvrages, l'*Ioniade*, dont le manuscrit conservé à la Bibliothèque Nationale a été publié en 1681 dans les *Anecdota græca* de Villoison, les *Homérocentres*, etc. En 1078, lorsque le fils d'Eudoxie et de Constantin Ducas, Michel VII, eut abdiqué en faveur du Botaniate, le nouveau maître de l'Orient songea un moment à épouser la savante recluse ; ce projet fut vite abandonné, mais Eudoxie eut du moins la liberté de quitter le couvent. Elle revint habiter un riche palais à Byzance et vivait encore dans la quinzième année du règne d'Alexis Comnène, c'est-à-dire à l'époque de l'arrivée des premiers croisés.

Revenons à Diogène. Apprenant qu'on le chassait du Palais et du pouvoir, il résolut de défendre ses droits. Battu dans le Pont, il se réfugia en Cappadoce, son pays natal, et de là en Cilicie. Les milices cappadociennes le rejoignirent en foule ; il avait sous la main quelques corps de mercenaires francs, cavaliers d'élite ; ainsi appuyé, il attendit l'ennemi. Un moment on put croire que la fortune allait lui revenir et des propositions de paix lui furent faites de la part du jeune empereur et du césar, tous deux fort troublés ; mais, emporté par sa bouillante nature, Romain refusa tout accommodement. Mal lui en prit. Attaqué par Andronic, fils du césar, grand domestique des thèmes orientaux, et par le fameux aventurier franc, Robert Crépin, jadis maltraité par lui, l'infortuné capitaine éprouva désastre sur désastre. Katatourios, duc impérial d'Antioche, son plus fidèle partisan, fut battu et pris par Andronic.

Alors commença pour Romain Diogène le long supplice qui, plus que ses hauts faits, a rendu célèbre ce vaillant et malheureux homme de guerre. Andronic lui avait promis la vie sauve à condition qu'il se ferait moine. Le césar Jean souscrivit à cet engagement et envoya en Cilicie trois métropolitains pour être garants du traité. Diogène, les cheveux rasés, vêtu de la robe, ceint d'une corde, confiant dans les promesses des Ducas, sortit à pied du château d'Adana, où il s'était retiré, et se présenta devant Andronic. Le jeune général l'accueillit avec honneur, mais l'avertit que l'empereur Michel exigeait sa venue à Constantinople. Le voyage était long et pénible. Le prisonnier d'État, couvert de blessures récentes, monté sur une mule misérable, gardé par une troupe de soldats qui ne lui ménageaient ni les injures, ni les coups, prit la route qu'il avait suivie tant de fois à la tête des armées impériales. Le triste cortège avançait lentement. A Cotiæum de Phrygie on dut attendre de nouveaux ordres du Palais. Là, Diogène faillit mourir de douleurs d'entrailles, causées, disent les chroniqueurs, par les tentatives d'empoisonnement des émissaires du césar. Ne pouvant plus se soutenir sur sa monture, il dut continuer sa route couché sur une charrette à bœufs. L'ordre arriva de la part du césar de lui crever les yeux. Andronic Ducas, épouvanté, hésita à obéir et prit sur lui de différer le supplice; mais le césar, qui redoutait Diogène même tombé, fut sans pitié. Les ordres revinrent plus cruels. Par un raffinement affreux, il fut prescrit de ne pas panser les plaies du malheureux. En vain Diogène se débattit, invoquant la foi jurée, en vain il interpella les prélats, garants du traité, en vain ceux-ci menacèrent les exécuteurs de la colère divine; le prisonnier fut lié, jeté à terre, et livré à un médicastre juif ignorant qui entreprit de l'aveugler; soit imbécillité, soit trouble réel, le misérable s'y reprit à trois fois. Diogène supporta avec un courage extraordinaire cet épouvantable supplice. Les chaleurs d'un été asiatique, la fatigue atroce, envenimèrent rapidement ses plaies anciennes et celles plus terribles de ses orbites sanglants. Le reste du voyage fut une longue agonie. Enfin on arriva au golfe d'Ismid. Une barque transporta le moribond à Proti; il dut se traîner au sommet de la colline et fut reçu dans ce couvent qu'il avait fondé au temps de sa splendeur. Son corps semblait un cadavre.

Ici prend place un incident plein de grandeur tragique. Eudoxie, du fond de son couvent, entendit la catastrophe inouïe de celui qui avait été son époux, et qu'elle avait aimé si peu. Elle obtint l'autorisation d'aller lui donner des soins. La pauvre cellule vit la réunion de ces deux êtres si peu faits pour s'entendre, réunis par un commun désastre. La nonne impératrice ne quitta plus le moine empereur jusqu'à sa mort. L'histoire, qui n'offre guère de situations plus émouvantes, ne nous a pas dit quels furent leurs derniers entretiens. Après avoir langui quelques jours, Romain Diogène mourut sans proférer une plainte; on l'enterra à Proti, où Eudoxie lui fit faire de grandes funérailles. La poussière de ses cendres doit subsister encore sur ce rocher de Marmara, parmi celles de tant d'autres morts oubliés. Eudoxie retourna à sa retraite du Bosphore et chercha dans l'étude passionnée des lettres un adoucissement à ses infortunes

V

Avant Romain Diogène, qui a donné à ce haut couvent de la Transfiguration sa célébrité principale, bien d'autres victimes illustres y avaient souffert. J'ai déjà raconté l'abdication de Michel Rhangabé et l'odieuse usurpation de l'Arménien Léon V. Ce dernier, malgré ce triste début, fit preuve de quelques-unes des qualités qui font les grands princes. Victorieux des Bulgares, dont les derniers empereurs n'avaient pu réussir à arrêter les invasions, et qui, deux fois, sous son propre règne, étaient venus insulter Byzance, il finit par leur imposer une paix qui dura après lui plus de soixante années. Pour cet unique fait, ce règne si court mériterait une mention dans l'histoire de Byzance. Malheureusement, à côté de la bravoure et de l'énergie, Léon avait la fourberie, l'ignorance, la superstition à un degré inouï. Malgré ses serments, il se jeta à corps perdu dans le parti des Iconoclastes. Peu d'empereurs ont persécuté plus violemment le culte des Images. Les adorateurs d'Icones furent traités par lui avec la plus barbare cruauté. Il exila le patriarche Nicéphore et fit élire à sa place l'hérétique Cassitéras.

J'arrive sans préambule à la fin de ce règne qui seule nous intéresse ici. Michel le Bègue ou d'Amorium, ce Phrygien d'obscure naissance, domestique du corps des Excubiteurs, que nous avons vu trahir Nicéphore Logothète pour Michel Rhangabé, avait trahi celui-ci pour Léon, il finit tout naturellement par en faire autant pour son dernier maître. Cette fois, il fut sur le point de payer cher une aussi constante duplicité. Convaincu de conspiration, il fut, malgré l'affection que lui portait l'empereur, condamné à avoir le

4.

corps transpercé d'un coup de lance, puis à être brûlé vif dans le four des bains du Palais.

Les chroniqueurs favorables à Michel affirment que cette condamnation fut motivée par les reproches qu'il ne cessait d'adresser à l'empereur, au sujet de la destruction des Images, et aussi à propos du commerce adultère que Léon entretenait avec sa femme à lui. Ceci se passait en décembre 819, Léon régnant depuis plus de six ans. On avait choisi la veille de Noël pour l'exécution. Déjà les valets du bourreau conduisaient à la mort le misérable enchaîné, lorsque la basilissa Théodosie, qui lui portait, semble-t-il, un tendre intérêt, conjura à genoux l'empereur de ne pas laisser souiller ainsi la veille d'une fête aussi sainte. Léon consentit à regret à différer le supplice. De sombres pressentiments l'agitaient. La nuit suivante, ne pouvant dormir, inquiet, frappé de présages qui alarmaient son esprit superstitieux, il voulut s'assurer de la manière dont était gardé son prisonnier, et se rendit aux appartements où on le tenait enfermé. Il fut très surpris de le trouver dormant paisiblement aux côtés de son gardien, qui lui avait cédé son lit. Ni l'un ni l'autre ne se réveillèrent, et Léon se retira avec un geste furieux. Le spathaire Théoctiste, partisan de Michel, qui n'avait pas voulu le quitter, était couché dans un angle obscur. Il observa les mouvements du prince et réveilla les dormeurs.

Michel, auquel le supplice différé avait remis quelque espoir au cœur, se sentit à nouveau perdu. Dans cette détresse, il s'avisa d'un dernier effort qui, par miracle, lui réussit. Au petit jour, il dépêcha Théoctiste à l'empereur, suppliant qu'on lui permît de voir son confesseur ordinaire. Léon, rassuré par ce désir pieux d'un homme qui se sentait prêt à quitter la vie, autorisa Théoctiste à sortir du Palais pour chercher le prêtre. Lui, tout au contraire, courut chez les anciens partisans du Bègue qui avaient trempé dans sa conspiration, et les menaça de sa part de les dénoncer sur l'heure s'ils ne parvenaient à le délivrer. Cette extrémité leur inspira un stratagème ingénieux.

Chaque matin, vers les quatre heures, les chantres et clercs de la chapelle impériale qui ne logeaient pas au Palais, avaient coutume de se réunir à la porte d'Irène qui donnait accès dans l'église de la Panagia du Phare, celle même où Michel Rhangabé s'était réfugié, et qui servait pour lors d'oratoire particulier à l'empereur.

Lorsque ces visiteurs, fort nombreux, s'étaient tous assemblés, ils pénétraient dans le saint édifice et chantaient matines. Les empereurs, même les moins dévots, dit Lebeau, se dispensaient rarement d'assister à cet office, lorsqu'ils se trouvaient à Constantinople. Plusieurs s'en faisaient une fête véritable, et Léon était du nombre. Il se piquait d'avoir une belle voix, parce qu'il l'avait forte et manquait moins que tout autre à cette cérémonie matinale qui paraîtrait bien dure aux princes d'aujourd'hui. Il prenait un plaisir puéril à entonner les psaumes traînants, les hymnes interminables, et à régler, le bâton du chef d'orchestre à la

main, le chant des chœurs. Le lendemain de
Noël, Léon fut fidèle au rendez-vous accoutumé ;
le froid était intense, le vent du nord qui souf-
flait en tempête sur les plateaux dénudés de la
Roumélie faisait rage dans les longs corridors et
sous les voûtes glaciales. La nuit était noire, à
peine traversée par les lumières vacillantes des
cierges. Léon entra dans le chœur et trouva les
clercs assemblés. Il prit la place d'honneur et
s'apprêta à donner le signal. Tous les assistants,
l'empereur lui-même, avaient, à cause du froid,
la tête enfouie dans un vaste capuchon qui se
rabattait sur le visage et rendait les méprises
faciles. Léon, *dilettante* plein d'ardeur, attaque
d'une voix forte le psaume du jour. Soudain, un
mouvement violent se fait dans l'assistance ; des
cris s'élèvent, des armes brillent sous les frocs ;
une affreuse confusion disperse les clercs affolés.
Ce sont les conjurés, partisans de Michel, qui,
dissimulés sous la robe et le capuchon, cachant
leurs armes, ont pénétré dans l'église pêle-mêle
avec les prêtres, dont quelques-uns sans doute

avaient été gagnés. Ils se trompent d'abord et se jettent sur le doyen du chapitre. Le vieillard arrache son manteau et montre sa tête chauve. Les assassins l'abandonnent pour se précipiter à la recherche de Léon. A la première alarme, il avait voulu fuir. Repoussé par la foule éperdue qui obstruait les portes et par les conjurés qui gardaient les issues, il se cacha derrière l'autel et s'y tint accroupi. Une lutte s'engagea, horrible et inégale. L'obscurité était complète ; les lampes avaient été brisées. Tous les prêtres, tous les dignitaires avaient fui poussant des cris d'épouvante. Il ne restait que le groupe des forcenés qui s'acharnaient sur leur proie.

L'empereur était de petite taille, mais agile et vigoureux ; acculé sous l'autel, il se défendait des pieds et des mains ; il avait saisi un grand crucifix de bronze doré et s'en servait pour parer les coups. Enfin, épuisé, à bout de forces, il vit une sorte de géant, un membre de la famille constantinopolitaine des Crambonites, qui allait lui porter le coup suprême. Il cria grâce ;

l'autre hurla qu'il s'agissait, à cette heure, de vengeance et non de pardon ; puis la lourde épée tomba et trancha d'un coup le bras du crucifix et l'épaule du prince. Léon V s'abattit en râlant; les conjurés lui coupèrent la tête, hachèrent son corps et le mutilèrent affreusement. Le patriarche exilé apprenant cette exécution, s'écria : « La religion orthodoxe est délivrée d'un adversaire impitoyable, mais l'empire perd un prince utile ! »

Les conjurés s'étaient jetés dans le Palais Sacré où régnait la terreur. Ils se précipitèrent au cachot du Bègue. Sans même briser ses chaînes, on l'emporta dans la grande salle du couronnement où il fut proclamé sur l'heure. Ce ne fut que, lorsque assis sur le trône, il eut été adoré par la foule des dignitaires, qu'il fit rompre à coups de marteau ses fers, dont les clefs furent retrouvées dans les vêtements de Léon. Le peuple et les soldats laissèrent faire cette révolution inouïe, et, quelques heures plus tard, le patriarche iconoclaste Théodote Cassitéras posait dans la Grande Église, devant la multitude assemblée, la couronne des basileis sur la tête du condamné de la veille !

Cependant l'impératrice Théodosie, la même que Procopia avait jadis insultée, et qui, par ses instances, avait amené la catastrophe, attendait tremblante la volonté du parvenu, entourée de ses quatre fils : Sembat, associé à l'empire sous le nom de Constantin, Basile, Grégoire et Théodose. Michel n'eut garde d'être ingrat, et condamna les malheureux à être relégués dans l'île de Proti. La mère et les fils furent jetés dans une barque ; on leur adjoignit un fardeau étrange ; c'était un sac de cuir tout dégouttant de sang, renfermant les morceaux déchiquetés du corps de Léon. La sinistre embarcation poussa droit vers l'île funèbre. Les débris de celui que tant de fois cent mille hommes avaient adoré lorsqu'il s'asseyait sur le trône éclatant d'or et de pierreries, furent enterrés dans le jardin de ce même couvent que Romain Diogène devait plus tard restaurer, puis illustrer par sa mort douloureuse. Théodosie fut rasée et mise en cellule; elle devint « une citoyenne du ciel portant le vêtement des anges », suivant la mystique phraséologie du temps. Quant aux jeunes princes, Léon commanda de leur infliger cette mutilation atroce qui est une mort vivante, et dont la mention revient à chaque page de la cruelle histoire d'Orient, depuis les vieilles cours d'Asie presque fabuleuses encore, jusqu'aux derniers règnes de Byzance. Malgré leurs cris, les malheureux devinrent eunuques. Le plus jeune, Théodose, ne put résister à l'horrible opération et périt bientôt; les trois autres devinrent moines sous des noms nouveaux. Les chroniques orthodoxes ajoutent pieusement qu'ils abjurèrent l'hérésie iconoclaste et vécurent dans le détachement de ce monde d'imposture. Michel leur avait abandonné une modeste pension, prise sur les biens confisqués à leur père et leur avait laissé quelques serviteurs. Je ne sais s'ils demeurèrent jusqu'à leur mort dans le couvent de Proti.

Il est impossible d'énumérer toutes les grandes victimes qui ont illustré cette pauvre petite île. Je n'en citerai qu'une encore, dont les infortunes furent plus particulièrement poignantes, le fameux Vardane, surnommé le Turc.

Le 4 mai 803, l'empereur Nicéphore Ier Logothète, celui-là même dont j'ai raconté la mort dans une embuscade bulgare, et qui venait seulement alors de détrôner l'impératrice Irène, fit, dans une promenade à cheval aux portes de Chalcédoine, une chute grave et se brisa le pied droit. Il dut rester alité plusieurs semaines. Il était à peine convalescent, lorsque en plein été, le 19 juillet, il reçut de mauvaises nouvelles qui le troublèrent fort. Un prétendant d'autant plus redoutable que Nicéphore avait déjà réussi à se faire détester par le peuple accablé d'impôts, venait d'être proclamé par les soldats des thèmes orientaux ou d'Anatolie dont il était le stratège. Les seuls contingents de la Cappadoce avaient refusé de soutenir le général révolté. Celui-ci était un chef brillant, le patrice Vardane, surnommé le Turc, généralissime des forces d'Anatolie, Arménien de naissance, ainsi que l'indique ce nom de Vartan ou Vardan, légèrement modifié par les Grecs ; il était de race noble, peut-être issu du clan célèbre des Mamigoniens. Les soldats le chérissaient pour ses vertus militaires et privées ; il passait pour le meilleur tacticien de l'empire et avait remporté sur les Sarrasins des avantages signalés. Il semble qu'il ait fort hésité à se soulever et paraît n'avoir cédé que tardivement aux violences de ses soldats. Lassés de la vie misérable que leur faisait l'impitoyable avarice de Nicéphore, ils le menacèrent de mort s'il ne se mettait à leur tête. Une fois révolté, il prit goût au pouvoir.

Un moment on put espérer que le Palais gardé de Dieu allait voir un maître nouveau. Trompé par de faux rapports, Vardane, qu'effrayaient les horreurs de la guerre civile, crut que Constantinople, lassée du joug du Logothète, n'attendait que son arrivée pour lui ouvrir les portes et que le souverain exécré tomberait sans qu'il y eut de sang versé. Quittant Philomelium où il avait été proclamé, il s'avança vers la capitale, traversant à marches forcées la Phrygie et la Bithynie, partout acclamé par des populations faciles à éblouir. Il ne fit que passer à Nicomédie, et vint camper devant Chrysopolis, aujourd'hui Scutari. Là, les déceptions survinrent rapidement. Vardane croyait que la population de ce grand faubourg allait se précipiter à sa rencontre. Il n'en fut rien. Les portes restèrent closes et des habitants de Chrysopolis l'armée du prétendant ne vit que les archers et les frondeurs qui garnissaient les tours de la muraille. D'autre part, les espions assuraient que Constantinople se remplissait de troupes et que Nicéphore allait franchir l'Hellespont pour attaquer les Anatoliens dans leur camp.

Le découragement saisit Vardane et ses partisans. Deux d'entre eux, qui, plus que personne, l'avaient poussé à la révolte, et qui, par une coïncidence extraordinaire, devaient tous deux par la suite monter sur le trône impérial,

Michel le Bègue et Léon l'Arménien, abandonnèrent lâchement leur chef pour aller rejoindre Nicéphore. Il fallut se rendre à l'évidence. La mort dans l'âme, le cœur plein de ressentiments contre ceux qui l'avaient imprudemment jeté dans cette entreprise, Vardane leva le camp de Scutari et entraîna ses troupes mécontentes vers les plaines de Bithynie et le versant septentrional de l'Olympe. Il s'arrêta dans la petite ville de Malagines, non loin du Rhyndacus. Son âme était assiégée de remords ; il se décida à faire des avances de paix au Logothète. Mais il lui fallait agir discrètement, car ses soldats, plus avides que lui, n'entendant pas être privés de leurs chances de vaincre et de piller, ne demandaient qu'à attaquer les troupes impériales qui s'avançaient de toutes parts. Vardane fit secrètement avertir Nicéphore qu'il déposerait les armes, si une amnistie complète était accordée à lui et à ses hommes.

A la réception de ce message, le fourbe parvenu, plus inquiet qu'il ne voulait le paraître de la rébellion d'un chef aussi brillant, éprouva une grande joie ; de ce moment son plan fut tracé. Il jura d'accomplir tout ce que lui demandait Vardane. Les promesses impériales furent, pour mieux tranquilliser le prétendant, authentiquées des signatures et des bulles du patriarche Tarasius et des premiers fonctionnaires. Nicéphore alla jusqu'à joindre à sa lettre, un autre gage inviolable, la croix d'or qu'il portait au cou.

Vardane se laissa prendre au piège. La nuit même, accompagné d'un seul fidèle, Thomas, soldat de fortune d'origine slavonne, qui, lui aussi, devait, plus tard, briguer l'empire et périr d'un supplice effroyable, il quitta furtivement son camp. Tout deux, traversant au galop l'espace qui les séparait de la mer, atteignirent la petite ville de Cius, aujourd'hui Kemlik, modeste échelle cachée à l'extrême fond du golfe de Moudania. Là s'élevait le monastère d'Héraclius. Vardane, qui courait à l'obscurité comme d'autres courent à la gloire, dans sa hâte de quitter un monde odieux, fit réveiller l'higoumène, se nomma, et enjoignit au vieillard de lui appliquer sur l'heure la tonsure libératrice. L'autre, interdit, hésita, puis refusa net de faire « un citoyen du ciel » d'une manière aussi précipitée. Alors Vardane tira son épée, mais ce ne fut point pour transpercer le prêtre ; il trancha d'une main fébrile la longue chevelure bouclée qu'il portait à la mode du temps. Ainsi transformé, il quitta l'habit militaire, et, l'higoumène persistant à lui refuser la robe du moine, il endossa de misérables vêtements qu'on lui procura, puis descendit au port où l'attendait un caïque envoyé par l'empereur. Quelques heures après, l'ancien vainqueur des Sarrasins débarquait à Proti.

Jadis, au temps de sa fortune, Vardane avait construit un monastère, probablement distinct de ceux dont j'ai déjà parlé, le troisième, par conséquent, sur ce petit îlot. Il s'était réservé quelques terres à l'entour, et vraisemblablement, quelque modeste demeure, peut-être bien une simple cellule. Lorsque le service presque incessant de la guerre de frontière ne réclamait point sa présence sur le continent, il aimait à passer de calmes journées auprès des moines, et, nouveau Cincinnatus, cultivait lui-même ce coin de terre. De tout temps il avait été de disposition contemplative ; ces souvenirs n'avaient pas été pour rien dans sa détermination de quitter le monde, lorsqu'il s'était vu forcé d'accepter une lutte impie, et ce fut avec un sentiment de soulagement indicible qu'il mit le pied dans le monastère. Les bons moines lui firent un accueil empressé ; il reçut cette fois la tonsure régulière, endossa le froc, et l'ancien chef des armées impériales devint le caloyer Savas, « indigne parmi les indignes ». Il partagea sa vie entre la culture de la terre et les exercices pieux ; à l'aube il courait chanter matines avec ferveur, puis défrichait, la pioche à la main, le sol pierreux de l'aride Proti.

Cependant l'empereur Nicéphore ne dormait plus ; pour lui, le zèle monastique de Vardane n'était que feinte, en attendant une occasion meilleure. La perte du malheureux fut plus que jamais résolue. Nicéphore, au mépris des serments, avait déjà confisqué ses biens et traité ses partisans avec une indescriptible cruauté. Il ne s'arrêta pas en si beau chemin. Quelques semaines à peine s'étaient écoulées depuis que le moine Savas avait paru sur le seuil du haut couvent de Proti, lorsque une nuit, comme il dormait dans sa cellule, un grand bruit se fit entendre; une troupe de bandits armés se précipita parmi les moines. C'étaient des fantassins de Lycaonie, instruments préférés des volontés de Nicéphore.

Ces *condottieri* de Byzance, issus d'une des populations les plus sauvages de l'Asie-Mineure centrale, représentaient bien auprès des empereurs grecs les sicaires et les *bravi* des cours italiennes du moyen âge. C'étaient d'impitoyables exécuteurs. Vardane, assis brusquement sur son chevet, fut lié. En un clin d'œil, tandis qu'il poussait des cris affreux, un Lycaonien lui enfonça dans les yeux une pointe aiguë. Lorsqu'on le détacha, il était aveugle, et deux ruisseaux de sang s'échappaient de ses orbites mutilées. Tel était à Byzance le procédé classique pour se débarrasser d'un personnage gênant. Cette fois cependant les serments de l'empereur avaient été si solennels, que cette lâche exécution souleva une indignation immense. Malgré la crainte qu'il inspirait, l'impression générale d'horreur arriva jusqu'à Nicéphore. Fidèle à ses procédés, il feignit une désolation et une colère extrêmes, jurant en plein sénat, devant Dieu et les saints, qu'il n'était pour rien dans le crime et saurait punir les assassins. Ceux-ci s'étaient, sur son ordre, réfugiés dans la Grande Église, d'où il les fit évader secrètement. Renfermé dans les appartements secrets du Palais, il donna à ses familiers le spectacle de ses larmes, mais personne ne crut à la réalité de sa douleur.

Vardane, guéri de ses terribles blessures, supporta cette mort vivante avec un grand courage; il termina ses jours dans les exercices de la plus austère pénitence; vêtu de peaux de bêtes, la tête et les pieds nus, hiver comme été, il ne buvait que de l'eau, ne mangeait que du pain qu'il fabriquait lui-même ; il renonça pour toujours à revoir sa femme et ses enfants, qu'il décida eux aussi à se retirer dans des monastères, après avoir remis à des établissements de bienfaisance le peu qu'ils possédaient. De toutes parts, les dévots accouraient à Proti, réclamer les prières du pieux caloyer qui avait failli devenir empereur ; on lui apportait les enfants à bénir et les malades à guérir ; il traversa de la sorte les règnes agités de Nicéphore, de Staurace et de Michel Rhangabé, et quand l'illustre ascète, épuisé par les privations, expira sous le gouvernement de ce même Léon d'Arménie qui l'avait naguère trahi, il mourut en odeur de sainteté.

Sous le règne de Jean Tzimiscès, le vainqueur des Russes, et le dernier amant de cette séduisante et impudique Théophano, qui a rempli du bruit de ses criminelles amours toute une période de l'histoire byzantine, et qui, elle aussi, fut pour un temps reléguée à Proti, le curopalate Léon

Phocas et son fils Nicéphore, une première fois révoltés et exilés à Méthymne, dans l'île de Lesbos, réussirent à s'échapper sur une barque et, franchissant les Dardanelles et la mer de Marmara, pénétrèrent dans Constantinople. Découverts, grâce à une trahison, et réfugiés dans Sainte-Sophie, ils en furent arrachés de force. Cette fois l'empereur leur fit crever les yeux et les fit enfermer dans un des couvents de Proti.

VI

La distance est faible de Proti à sa plus proche voisine, Antigoni; le bateau à vapeur met quelques instants pour aller de l'une à l'autre; c'est encore un îlot rocailleux et pauvre, mais déjà plus peuplé que Proti; l'échelle du port est entourée de plus nombreuses maisons qui constituent une petite ville véritable. Antigoni s'appelait jadis Panorme; elle doit, semble-t-il, son nom actuel au fameux Antigone, l'ancien général d'Alexandre. Son fils, Démétrius Poliorcète, voulut de la sorte immortaliser le nom de son père, lorsqu'il vint dans la mer de Marmara, en 298 av. J.-C., combattre pour la liberté des détroits et l'empire du monde contre Lysimaque de Thrace, et Cassandre de Macédoine.

Antigoni, dépouillée de verdure du côté de l'orient, est couverte de végétation vers la haute mer. Le bateau, avant d'atteindre les premières maisons du village, passe devant un grand couvent de construction relativement récente, fondé sous le vocable de Saint-Georges, à quelque distance de la mer. Ce monastère, dans une position admirable, n'est plus qu'une *metochi* [1] du célèbre cloître péloponésien du Mégaspiléon. Un religieux, délégué de l'higoumène, veille à l'exploitation de ce fief monastique. Il n'y a plus de confréries de moines aux îles des Princes. Les beaux couvents de Halky sont transformés en école de la nation grecque; tous ceux des autres îles sont devenus des *metochi* des grands monastères de la Grèce propre ou du Sinaï. Leurs bâtiments sont pour la plupart transformés en logements que louent des familles de la plus modeste bourgeoisie; les terres sont cultivées

---

[1]. Ferme ou domaine dépendant d'un couvent ou d'un établissement pieux.

sous la surveillance de religieux délégués par la maison mère.

De même qu'à Proti, il y avait à Antigoni, sur le plus haut sommet de cette île de forme pyramidale, un grand couvent de la Transfiguration, détruit à l'époque de la conquête. Il en subsistait également, il y a peu d'années, des débris imposants, qui faisaient bel effet sur ce point élevé. Le zèle intempestif d'un vieux héros de la guerre de l'Indépendance, retiré dans l'île, les a fait disparaître pour les remplacer par un petit oratoire sans caractère. Le monastère ancien aurait eu, dit-on, pour fondateur, l'empereur Basile le Macédonien. Le meurtrier de Michel III fut un grand bâtisseur. Sous son règne glorieux, vers la fin du neuvième siècle, Constantinople fut transformée ; il construisit ou répara plus de cent églises, hopitaux, monastères, citernes publiques, tant dans la capitale que dans les environs. Sans cesse tourmenté par l'ombre de sa victime, il accumulait les fondations pieuses, pour se faire pardonner le meurtre qui l'avait délivré d'un collègue aussi méprisable que gênant.

La plus illustre victime qui ait rendu le nom d'Antigoni célèbre est le fameux patriarche Méthodius, surnommé le Confesseur, mis au rang des martyrs par l'Église grecque pour les tortures inouïes qu'il subit sous le règne des empereurs iconoclastes. Méthodius était de race noble, né à Syracuse de Sicile. Il était venu à Constantinople, où affluaient les cadets des grandes familles désireux de faire leur chemin à la cour. Il y avait connu un religieux, homme de mérite, qui l'avait décidé à entrer dans les ordres en léguant sa fortune aux indigents. Sous Léon l'Arménien et lors de la persécution furieuse qui signala le règne de ce prince ennemi du culte des Images, Méthodius se retira en Italie. Après le meurtre de l'empereur et l'avènement de Michel le Bègue, les prêtres exilés, « les confesseurs, » furent rappelés et Méthodius rentra dans la capitale, apportant au nouveau basileus une lettre du pape de Rome.

Bientôt il fut visible que, malgré ses serments,

Michel détestait les Icones à l'égal de son fanatique prédécesseur; il accueillit avec mépris la lettre pontificale, fit saisir Méthodius et lui fit appliquer sept cents coups de fouet. Ses partisans furent tourmentés horriblement; on leur imprimait au fer rouge, sur le front, le récit en vers de leur hérésie! Lui-même, à demi mort, fut transporté à Antigoni. On l'enferma dans un caveau qui avait jadis servi de sépulture, cage de pierre où on lui donna pour compagnons deux brigands de grand chemin. La tradition dit qu'il vécut sept ans dans cet enfer en miniature. Le fait est peu croyable. Une naïve légende raconte que chaque semaine un misérable pêcheur apportait au martyr le peu d'huile nécessaire à l'entretien d'une lampe qui jetait quelque lueur dans cette indescriptible demeure. Un jour, le pauvre homme manqua au rendez-vous, et les anges accourus à la prière du prélat, remplirent la lampe à sa place. Un des brigands mourut, et, par un raffinement affreux, on laissa le cadavre sur place. Méthodius dut endurer l'odeur de ce corps en putréfaction, et trompa les misères de cet interminable supplice, en s'acharnant à convertir le compagnon qui lui restait. Naturellement les hagiographes rapportent que ce brigand devint, lui aussi, un saint homme.

Cependant à Michel avait succédé son fils Théophile, prince énergique qui a laissé un nom dans l'histoire de Byzance, mais qui, comme son père, se laissa aller à tous les entraînements de ses passions religieuses. Une des plus violentes persécutions iconoclastes signala son règne; la plume se refuse à décrire les supplices infligés à la foule des religieux qui ne voulurent pas accepter la doctrine toute-puissante à la cour. Chose étrange cependant; ce fut à un caprice de ce même Théophile que Méthodius dut enfin quelques jours de liberté. Au dire des chroniqueurs, ce prince, avide d'instruction, ayant vainement tenté de se faire expliquer certain problème contenu dans un ouvrage qu'il consultait, songea à Méthodius, dont la science était célèbre, et qu'un si long martyre avait entouré d'une auréole. Il lui dépêcha un de ses cubiculaires qui l'amena au palais. Méthodius expliqua le passage obscur, et Théophile, charmé, le retint auprès de lui. Mais cet homme intrépide, qui mérita bien son glorieux surnom d'*Homologète* ou « confesseur », n'eut pas plutôt recouvré sa liberté qu'il se remit à prêcher avec force en faveur des Images. Un accès de fureur impériale lui valut une nouvelle flagellation publique et la prison dans les souterrains du Grand Palais; cette fois, de courageux amis forcèrent de nuit la porte du cachot, et en retirèrent le malheureux prêtre qui se tint quelque temps caché. Théophile voulut encore sévir; mais Méthodius avait insensiblement pris sur son esprit un ascendant singulier. Amoureux, comme tous ces bizarres princes byzantins, des discussions théologiques les plus subtiles, Théophile se complaisait à écouter le Confesseur interprétant à sa manière les passages des Écritures qui formaient précisément le plus précieux bagage des Iconoclastes. Il finit par l'attacher de nouveau à sa personne et la présence au

Palais de cet audacieux prédicant fut pour beaucoup dans la diminution des persécutions. Théophile, tout en demeurant profondément iconoclaste, montra dès lors quelque tolérance pour les orthodoxes. Il se fit accompagner de Méthodius dans ses campagnes contre les Agarènes et autres Infidèles. A son lit de mort, en 842, il fut, disent les écrivains pieux, saisi de remords, et dans son délire alla jusqu'à embrasser une image de la Panagia, relique vénérée que lui présentait l'impératrice Théodora. Avec lui prit fin l'existence officielle de l'hérésie des Iconoclastes, qui triomphait à Byzance, presque sans interruption, depuis plus d'un siècle.

Théodora, régente pour son fils Michel, s'occupa aussitôt, malgré son affection ardente pour la mémoire de Théophile, de rétablir le culte depuis si longtemps proscrit. Dévote et passionnée, elle ne connut pas d'obstacles. Un décret solennel annonça que le règne des Iconoclastes avait cessé et que le culte ancien reprenait force officielle. Dans toutes les églises, sur toutes les places publiques, les Icones reparurent. Le patriarche hérétique, Jean Lécanomante, fut chassé, et Méthodius fut élu à sa place. Jean, comédien achevé, s'ouvrit une veine et se montra au peuple tout sanglant ; mais cette ruse demeura sans effet; on l'enferma dans un couvent.

Une fête merveilleuse, telle que la pompe byzantine seule pouvait en offrir, consacra la restauration de l'ancienne religion dans Sainte-Sophie où Théodora avait fait rassembler la foule des Icones arrachées à un siècle de persécution par la piété des fidèles. Des milliers de moines exilés, descendus de toutes les solitudes de l'Europe et de l'Asie, venus des forêts de l'Olympe, de l'Athos, des rives du Bosphore et des Iles, ou du fond du Péloponèse, portant sur leurs corps amaigris les traces des longues souffrances ou des effroyables supplices, tous ces « confesseurs », les uns aveugles, les autres mutilés, accoururent prendre part à cette cérémonie fameuse que l'Église grecque célèbre encore aujourd'hui sous le nom de fête de l'Orthodoxie. Les Iconoclastes furent solennellement excommuniés par la vénérable assemblée. Grâce aux instantes prières de l'impératrice, grâce à ses menaces, et surtout aux pieux mensonges qu'elle accumula sur le prétendu repentir de Théophile à son lit de mort, grâce enfin à l'intervention du nouveau patriarche, oublieux de tant de tortures, une exception fut faite en faveur du basileus défunt. Il fut déclaré absous de l'excommunication qu'il avait encourue. Tout l'innombrable clergé de la Ville gardée de Dieu fit, pour le repos de l'âme du trépassé, une neuvaine dans la Grande Église, et ce devint alors, dit Lebeau, une opinion commune que l'empereur, ayant mérité l'enfer, avait été après sa mort délivré des peines éternelles par l'absolution des évêques et les prières des fidèles. C'est dans une des solennités de cette fête interminable, que Théodora ayant invité les « confesseurs » à un repas au nouveau palais de Cariana, l'un d'eux, le célèbre Théophane, oubliant sa promesse de ne plus maudire Théophile, s'emporta contre sa mémoire en fougueux anathèmes en présence de sa veuve désolée, et fut vivement réprimandé par le plus chrétien Méthodius.

Cependant l'ancien patriarche iconoclaste, enfermé dans son monastère, y était devenu à demi fou de colère. Dans sa haine puérile, il se vengeait sur les images de la Panagia qui excitaient jusqu'à la rage sa vieille rancune d'hérétique, et s'ingéniait à leur crever les yeux. Théodora voulut d'abord lui faire appliquer un traitement semblable, puis elle se contenta de lui faire donner deux cents coups d'une lanière de cuir armée de balles de plomb. Il se vengea, en suscitant, grâce à ses partisans dont la ville et la cour étaient encore pleines, une accusation monstrueuse d'immoralité contre son vénérable successeur. Méthodius n'eut pas peine à se disculper en présence du tribunal ecclésiastique réuni à cet effet; parmi les preuves de sa chasteté qu'il produisit devant les juges assemblés, une surtout les convainquit aussitôt; il serait difficile de la rapporter ici, malgré ou plutôt à cause même de son étrangeté. Les faux accusateurs ayant été confondus, le parti des Iconoclastes en reçut le dernier coup de grâce. Méthodius, fidèle à sa constante pratique de la charité chrétienne, obtint la mise en liberté de Lécanomante et des autres calomniateurs ; seulement, il exigea que, chaque année, lors de la procession solennelle célébrée à Sainte-Sophie, le jour de cette fête réparatrice de l'Orthodoxie, ils marcheraient au premier rang, en chemise, pieds nus, une torche pesante à la main, et écouteraient agenouillés, dans cet appareil, l'anathème prononcé contre leur hérésie. Jusqu'à leur mort, ils furent soumis à cette obligation humiliante.

Méthodius, avant d'expirer, eut encore un beau jour, lorsque, sur sa demande, l'impératrice fit rapporter à la Grande Église et de là à celle des Saints Apôtres, les restes du patriarche orthodoxe Nicéphore, mort en exil sur le Bosphore, dix-huit ans auparavant. Le jeune empereur et tout le peuple vinrent, cierges en mains, à la rencontre du long cortège. Trois mois après ce dernier triomphe, en mai 846, Méthodius, épuisé par ses anciennes tortures, rendit son âme à Dieu. Aucun saint n'est plus vénéré par l'Église grecque. Il fut enseveli, lui aussi, dans une chapelle spéciale, aux Saints Apôtres, dans ce temple fameux, véritable panthéon de la vieille Byzance, Saint-Denis des successeurs de Constantin, sur l'emplacement duquel s'élèvent aujourd'hui les bâtiments innombrables de la mosquée du Conquérant. Méthodius fut remplacé sur le trône patriarchal par l'eunuque Nicétas, en religion Ignatios, fils de l'empereur Michel Rhangabé, et pour lors higoumène du monastère de Saint-Satyre. Nous avons déjà vu ce personnage exilé auprès de son père à Proti; nous le retrouverons bientôt de nouveau en exil, mais cette fois dans l'îlot des Térébinthes.

De saint Méthodius un souvenir est resté à Antigoni, c'est la petite église de Saint-Jean-Baptiste, qui sert encore actuellement de lieu de culte aux habitants du village de l'île. Elle est d'origine fort ancienne, et bien que, depuis la conquête musulmane, elle ait été en grande partie reconstruite en bois, le sanctuaire médiéval est encore debout. Il est plus que probable que cette portion de l'antique édifice remonte à l'époque du célèbre confesseur. En effet, les chroniques rapportent que Théodora, à la prière de Méthodius, moins encore pour célébrer les souffrances de celui-ci que pour mériter à son bien-aimé défunt ce salut à la poursuite duquel elle s'acharnait, fit élever ce petit temple sur l'emplacement du caveau où le patriarche avait subi son horrible détention. La forme générale de l'édifice rappelait, paraît-il, celle de la charmante église de Sainte-Théodosie à Byzance, transformée par sultan Selim en une mosquée, qui porte, on ne sait pourquoi, le joli nom de mosquée des Roses, Gul-Djamissi.

Il est probable qu'auprès de cette église, Théodora avait également fondé un monastère dont les restes ont disparu. Seule, une citerne est encore visible. En outre, au dire du patriarche

Constantios, il existerait, ou du moins il existait
encore de son temps, dans la nef de l'église, une
fort ancienne inscription attestant que le cachot
fameux de Méthodius se trouvait en ce lieu. Lors
de ma visite à l'église d'Antigoni, en compagnie
d'un des plus érudits connaisseurs des choses
byzantines, nous n'avons pu retrouver cette
inscription précieuse. Le diacre qui nous servait de guide, semblait dans sa triste ignorance,
avoir oublié jusqu'au nom de celui qui avait tant
illustré ces lieux. Il nous désigna un obscur
trou noir qui passe probablement pour le cachot où vécut Méthodius. Quoi qu'il en soit, l'illustre martyr a bien positivement souffert en ce
lieu la plus dure captivité, et l'église, ou du
moins ce qui reste du monument primitif, peut
fort bien remonter à l'époque de sa mort. Le
sanctuaire est un type parfait de ces églises byzantines, de style pauvre et mesquin, de dimensions si étrangement réduites, si nombreuses
encore à Constantinople et dans ses faubourgs,
trop souvent, hélas, presque disparues sous le

badigeon turc, ou transformées en mosquées par l'addition de l'inévitable minaret. La croix grecque sous toutes ses formes si variées émaille tristement les pauvres parois à demi disloquées de l'église d'Antigoni. Quelques chapiteaux sculptés, des corniches du plus pur style byzantin, percent çà et là le plâtras moderne. Dans la nef, reconstruite en bois, éclate tout le mauvais goût d'un luxe religieux de pacotille; seule, une belle dalle funéraire, à l'inscription devenue presque indéchiffrable, présente de l'intérêt; elle porte, chose étrange en ces parages, les armes de quelque noble famille latine; peut-être celles d'un baile vénitien ou d'un provéditeur génois de Galata, dont un membre aurait embrassé la religion grecque.

On le voit, pour un archéologue, le butin est maigre à l'église d'Antigoni; mais l'humble édifice mérite pourtant une visite, en souvenir de ce saint Méthodius dont la belle et grande figure souffrante repose au milieu des pénibles horreurs de cette histoire cruelle entre toutes. Ce vivant témoignage d'une époque terrible où plus un homme était grand, célèbre et vertueux, plus il était exposé aux dernières injures du sort, aux plus affreuses douleurs matérielles, vaut la peine que le pèlerin, amant des vieux souvenirs, se détourne de sa route. Il pourra, dans ce silencieux oratoire où jamais n'arrive un bruit du dehors, évoquer en songe tant de personnages divers, l'ardent Théophile, l'intrépide Méthodius, la pieuse et tendre Théodora, le fanatique Lécanomante et les passionnés sectaires, ses disciples.

VII

En abordant à Halky, située, elle aussi, à une faible distance d'Antigoni, nous quittons les roches souvent nues, les terres plus stériles, pour les pentes ombragées et les points de vue charmants. Halky, avec ses bois de pins clairsemés croissant sur cette belle terre des Iles aux chaudes teintes rougeâtres, avec ses bosquets d'arbousiers, de chênes verts, d'oliviers, son port riant, avec ses beaux promontoires, ses criques sablonneuses entourées d'une folle et riche végétation méridionale, ses chemins ravissants serpentant sous les grands arbres, surplombant les flots les plus bleus, longeant les plus admirables panoramas, ses somptueux et immenses monastères de toutes parts entourés de verdure, Halky, la perle de Marmara, offre d'inoubliables beautés. C'est la fraîcheur, la grâce des lacs italiens; c'est un morceau de la baie de Naples, en plein Orient, avec le ciel plus bleu de la Grèce et les ondes plus scintillantes de Marmara. Celui qui, le matin, a quitté la chambre brûlante de quelque hôtel de Péra, éprouve une joie véritable à l'aspect de cette nature si brillante, de cette oasis insulaire si constamment rafraîchie, si délicieusement ménagée par la Providence à quelques pas de Stamboul la poussiéreuse et la suffocante. Cette impression est de celles qui ne s'effacent point.

Halky ou Kalky, autrefois Chalcitis ou Chalcis, doit ce nom aux mines de cuivre, depuis longtemps abandonnées, qui ont fait sa richesse dans l'antiquité. Des vestiges considérables des exploitations anciennes s'y distinguent encore, notamment sur la rive du charmant petit golfe situé derrière l'école de commerce. Ce cuivre de Marmara était fort prisé des Grecs. Plusieurs statues célèbres en furent faites, le célèbre Apollon de Sicyone entre autres, un des trésors de cette ville amoureuse du beau, où les Crétois Dipænos et Skyllis apportèrent, dit-on, l'art de la sculpture.

Les couvents de Halky sont les plus célèbres et les plus beaux des Iles, mais ils ne paraissent point, comme ceux d'Antigoni et de Proti, avoir servi de lieu d'exil princier à l'époque byzantine. Le charme de Halky l'a toujours fait considérer comme un lieu de plaisance plutôt que de châtiment, et si des princes et princesses de la cour impériale sont venus parfois s'ensevelir dans les cellules de cette île fortunée, ce durent être des reclus volontaires, et non de misérables exilés attendant en ce lieu la mutilation ou la mort.

Il n'y a rien à dire de la ville même de Halky, gracieusement étalée sur le rivage qui regarde Prinkipo. C'est une agglomération déjà fort considérable de villas et de maisonnettes de bois, agglomération sans histoire, mollement étalée sur la rive d'un golfe mignon, bornée à l'occident par les superbes allées de cyprès du couvent de Saint-Georges, dominée à l'est par le beau promontoire qui porte le couvent d'Hagia Triada, au nord, par le plus haut sommet de l'île, colline boisée où s'élève une vieille tour d'aspect pittoresque, point de vue sans rival, ancien poste de guetteurs transformé en moulin à vent aujourd'hui ruiné.

La gloire de Halky, je le répète, ce sont ses beaux et riches monastères. Ces édifices sont au nombre de trois, dont un est aujourd'hui fermé. Les deux autres sont depuis longtemps distraits de leur destination primitive. Le premier qui se présente à la vue, en venant d'Antigoni, est celui de la Vierge, ou plus littéralement de la Théotokos, la Mère de Dieu (*Moni tis Théotokou*); il est situé dans une position admirable en face de Constantinople. On peut s'y rendre de la ville même en traversant la petite île par les plus aimables sentiers, qui, le long de la haute mer, sous les pins odoriférants, et les oliviers aux teintes argentées, le long des pentes gazonnées, en face de points de vue variant à chaque pas, monte et descend le long de petits golfes sauvages et solitaires, véritables thébaïdes en plein paradis de la nature, où l'eau de Marmara dort si tranquille sous un ciel de feu qu'elle semble un miroir d'or.

Ce premier couvent fut le principal monastère de l'île; aujourd'hui encore il est célèbre dans le monde grec tout entier. Ses vastes et hauts bâtiments, entièrement reconstruits, placés entre deux promontoires, sur un plateau frais et boisé dominant la mer à une grande hauteur, sont occupés par l'école commerciale de la nation grecque, école florissante comme toutes celles fondées et soutenues par l'énergie privée de cette race entre toutes avide de s'instruire. Depuis des siècles, du reste, ce couvent de la Mère de Dieu a été un des principaux centres religieux et intellectuels du monde grec. De nombreux patriarches de Constantinople y ont reçu la sépulture sous la domination turque.

Il est probable, presque certain même, que dès les premiers temps de l'empire byzantin, il y eut un couvent en ce point. Le silence poétique de ces beaux lieux, l'isolement, la splendeur du site durent y attirer de bonne heure des esprits mystiques en quête de recueillement prolongé. Cependant on s'accorde à considérer comme le véritable fondateur de l'édifice auquel les bâtiments modernes ont succédé, l'empereur Jean VIII Paléologue, avant-dernier basileus des Byzantins. Ce prince, probablement déjà, je le répète, sur l'emplacement d'un couvent beaucoup plus ancien, édifia en ce lieu un monastère superbe, en l'honneur de Jean le Précurseur, son patron onomastique.

Jean VIII est avant tout célèbre par son long voyage en Occident et sa présence au concile de Ferrare, tenu en 1438 sous sa présidence et celle du pape Eugène IV, et transféré plus tard à Florence à cause de la peste. L'empereur y signa la réconciliation de l'Église grecque, réconciliation trop tardive pour sauver de l'abîme un empire aux abois, et qui échoua du reste aussitôt devant le fanatisme de la population de Byzance.

Ce prince théologien, dont le séjour prolongé en Italie constitue bien un des plus curieux épisodes historiques du xve siècle, eut successivement trois femmes. En 1414, n'étant encore que prince héritier, son père, l'empereur Manuel, l'avait marié à une petite princesse russe, Anna, âgée de onze ans seulement, fille de Vassili II Dimitrovitch, grand-duc de Moscou. La pauvre enfant, qui s'était fait chérir de toute la cour, mourut au bout de trois ans, lors d'une peste qui dépeupla Byzance et qui emporta également un fils de Bajazet. Jean Paléologue se remaria au mois de novembre de l'an 1420, avec Sophie, fille du marquis Jean II de Montferrat et d'Isabelle, princesse de Majorque ; il fut même à cette occasion associé au trône par son père, déjà fort avancé en âge. La jeune Italienne prit le surnom de Paléologuina. Cette seconde union, qui ne fut définitivement célébrée que le 19 janvier 1421, fut fort malheureuse. Sophie était instruite, bonne, douce, d'une rare distinction, mais d'une laideur telle que jamais Jean ne voulut consentir à la traiter en épouse.

Le mariage ne fut point consommé et la princesse qui, par permission du pape Martin V, désireux de se concilier l'empereur, avait pu s'unir à un prince schismatique, tout en conservant son rite, mena six ans durant une vie misérable. Au bout de ce temps, ne pouvant supporter davantage l'aversion qu'elle inspirait à Jean Paléologue, à ce mari qu'elle s'était prise à adorer, et qui menait la vie d'un libertin, la jeune Italienne prit le parti de divorcer à sa façon. Un an après la mort de Manuel et l'avènement de Jean VIII, elle traversa un beau soir la Corne d'or et se sauva chez les Génois de Galata, ses compatriotes. Ceux-ci, ravis de jouer un tour aux Paléologues détestés, se hâtèrent de rapatrier la princesse sur une de leurs galères qui s'en revenait précisément de la Tana, du fond de la mer d'Azof. Sophie fut reçue à Gênes avec les honneurs royaux et courut ensevelir au fond d'un cloître une douleur qui ne finit qu'avec sa vie. En d'autres circonstances, les boutiquiers de Galata eussent payé cher leur imprudente participation à cette impériale équipée ; mais Jean Paléologue, jeune, beau et fort coureur, se trouva trop heureux d'être débarrassé d'une épouse lamentable, dont la larmoyante présence était un reproche incessant. Il se refusa à donner suite à cette aventure si peu flatteuse pour son honneur, et, un an après, dès qu'il le put, il épousait en troisièmes noces une princesse pour laquelle il s'était épris d'un amour extraordinaire.

C'était Marie Comnène, fille d'Alexis IV de Trébizonde. Une sœur de la nouvelle impératrice avait épousé le prince des Turcomans, Djîhan-Schah ; une autre, le fameux prince des Serbes, Georges Brankowitch ; un de ses frères était le célèbre Kalo-Joannes, Jean le Beau, futur meurtrier de son père, et lui aussi futur empereur de Trébizonde. On voit que la jeune femme était royalement apparentée; elle était d'ailleurs d'une beauté merveilleuse : son esprit pétillait des grâces les plus aimables; c'était, au dire des contemporains, une des plus charmantes princesses du xv® siècle. L'empereur, qui n'avait guère connu de la vie conjugale que les plaintes aussi fondées qu'insupportables de la pauvre Piémontaise, conçut pour la fille des Comnènes un attachement sans bornes. Il l'aima éperdument, et elle lui rendit son amour. Elle fut proclamée *augusta* et couronnée solennellement dans Sainte-Sophie par le patriarche Joseph. Malheureusement les soucis sans cesse grandissants de la politique nécessitèrent de fréquentes absences de l'empereur et les deux époux furent trop souvent séparés.

Dès le mois de novembre de cette même année 1427, Jean VIII s'embarquait pour la Morée, où il demeura plus d'un an auprès de son frère, le despote de Misithra, le futur Constantin Dracosès. Mais sa grande absence fut celle nécessitée par le concile de Ferrare. Ce fut le 27 novembre 1437 que Jean VIII partit pour Venise, où le gouvernement de la République et la noblesse lui firent la réception merveilleuse et féerique que l'on sait. Ce n'est pas ici le lieu de revenir sur ces conférences célèbres, où s'illustra le cardinal Bessarion, et qui ne purent sauver Constantinople de sa ruine prochaine. Lorsque plus de deux ans après, dans les premiers jours de l'année 1440, Jean VIII rentra dans sa capitale, la pauvre impératrice Marie était morte depuis quelques semaines. Bien que la passion primitive se fût fort refroidie et que l'infidèle époux eût comblé de ses faveurs bien d'autres femmes en Italie et ailleurs, il n'en ressentit pas moins une vive douleur de la mort de celle qui avait fait les plus beaux jours de sa vie.

De cette union si intime, si violente, et pourtant si passagère de ces deux cœurs princiers, un souvenir nous est resté au beau couvent du Précurseur de Halky. Si Jean Paléologue construisit le monastère aujourd'hui réédifié, la petite chapelle de la Vierge, dont le dôme s'élève encore actuellement à côté de la grande église conventuelle, dans la vaste cour centrale, fut, nous disent les historiens du xv° siècle, élevée aux frais de Marie Comnène, sa très aimée compagne, laquelle, aux temps de leur commun amour, avant le long voyage de Florence et les décevantes émotions du concile, s'était associée avec ardeur aux pieux desseins de son époux.

Seule, cette chapelle de la Vierge échappa, presque intacte, à l'incendie qui, au xvii° siècle, dévora le couvent et la belle église de Saint-Jean bâtie en forme de croix. Bien que primitivement dédié au Précurseur, le monastère de Jean Paléologue, depuis une époque fort ancienne, fut constamment et uniquement connu sous le nom de couvent de la Vierge ou de la Mère de Dieu, *le très saint couvent de la Toute Sainte Mère de Dieu de Halky,* très probablement à cause de ce gracieux petit oratoire édifié par Marie Comnène en l'honneur de la Toute Sainte. Lors de la seconde reconstruction du monastère, vers la fin du siècle dernier, on découvrit dans les décombres les fragments d'une inscription de la porte principale, en beaux caractères paléologuiniens du xv⁰ siècle, rappelant le nom de l'impérial fondateur : « *Jean, fidèle en Christ, basileus et autocrate des Romains, Paléologue.* »

VIII

Bien que nous n'ayons aucun détail sur l'incendie dans lequel périt le monastère élevé par l'empereur Jean, il est fort probable que les Turcs y furent pour quelque chose. Quoi qu'il en soit, le vieux couvent dressait vers le ciel ses ruines désolées, et, seule, la petite chapelle de Marie Commène, préservée comme par miracle, rappelait le souvenir d'un brillant passé lorsque, vers 1680, l'édifice entier fut l'objet d'une reconstruction fastueuse aux frais d'un personnage qui a joué un grand rôle dans l'histoire politique de la Turquie à cette époque. C'était le fameux Nicosios Panagiotaki, le premier de ces grands drogmans ou *mégalo-diermenevtes* (grands interprètes) de race grecque, qui occupèrent depuis une place si haute dans les conseils de la Porte, dans les relations du sultan avec les puissances étrangères, et dont descendent les principales familles Phanariotes actuelles.

Panagiotaki naquit à Chio en 1613; il était fils d'un pelletier. Jeune encore, il fut confié au savant Mélétios de Candie, et reçut une éducation soignée. Il apprit l'arabe, le persan, le turc. Envoyé à l'université de Padoue, il y étudia le latin, l'italien et les sciences exactes. De retour à Constantinople, il devint sous le sultan Ibrahim IV, interprète ou drogman de l'ambassade d'Autriche, et occupa ce poste durant vingt-cinq ans; il y acquit par son habileté une réputation extraordinaire, et sous l'administration du vieux et célèbre Keuprili Achmed Pacha, grand vizir de Mohammed IV, fut enfin nommé grand dogman de la Sublime-Porte, charge des plus importantes qui lui valut une influence considérable.

Homme juste et droit, il devint la terreur des faiseurs d'intrigues ; patriote convaincu, il se montra constamment le défenseur énergique de l'Église orthodoxe, et obtint, notamment, une première restitution des Lieux Saints à son clergé national ; si les Grecs jouirent en ce temps de quelque fortune auprès de la Porte, ce fut grâce à leur illustre compatriote. Il est constamment demeuré depuis un des grands noms du Phanar, et c'est véritablement lui qui a inauguré la fortune singulière de ce vieux faubourg byzantin sous les sultans des deux derniers siècles. Lorsqu'il mourut, le 2 octobre 1673, sur le Danube, au camp de l'armée ottomane, Mohammed IV lui fit des funérailles splendides. Son corps, embaumé et ramené à Constantinople, fut inhumé dans le beau monastère de Halky qu'il avait mis tout son zèle à reconstruire. Les caïques de toutes les ambassades des puissances occidentales suivirent le cortège du glorieux parvenu. Sa tombe se voit encore sous le porche de l'église conventuelle, conformément à la théâtrale humilité du temps. La dalle est usée par les pieds des générations ; c'est à peine si l'on peut déchiffrer encore quelques mots de l'inscription pompeuse dans le goût de l'époque qui nous a heureusement été conservée par des récits de voyageurs anciens. On distingue encore le caducée, emblême de la charge du défunt. Son portrait, que je n'ai pu voir, figure à l'entrée du réfectoire ; il porte la robe de grand drogman ; sa stature est haute, ses cheveux courts et blonds ; il tient dans les mains un modèle de l'édifice reconstruit qu'il présente à la Vierge.

Après cette première restauration, le vieux couvent de Jean Paléologue, relevé de ses cendres, traversa une époque de paix et de splendeur. Les noms de ses higoumènes nous ont été pieusement conservés par l'auteur d'une monographie presque introuvable, publiée à Constantinople en 1846. Puis, à la suite d'une nouvelle période de décadence, le monastère fut de nouveau entièrement réédifié en 1796, cette fois encore grâce à la munificence d'un autre ancien grand interprète de la Porte, devenu plus tard et à plusieurs reprises hospodar de Moldavie et de Valachie, Alexandre Ypsilanti, membre illustre d'une puissante famille également phanariote, qui a donné à la fois à la diplomatie ottomane et aux luttes de la revendication hellénique plus d'un nom glorieux. Alexandre Ypsilanti fit grandement les choses. Le couvent de Halky, la *Camariotissa* comme on l'appelait vulgairement, fut richement relevé et doté ; de vastes *metochis* lui furent assignées ; Il devint en particulier propriétaire de la grande église de Marcoutsa à Bucharest et de l'île de Proti tout entière avec ses couvents et ses habitations. Ypsilanti se réserva pour lui et ses descendants, la haute main dans l'administration du monastère et la nomination des higoumènes. Depuis cette récente résurrection, le beau couvent a passé par de nombreuses vicissitudes. Lors de la guerre de l'Indépendance en 1821, il a souffert de toutes les horreurs de la répression sauvage du gouvernement turc qui s'acharnait à punir les sympathies les plus secrètes; son higoumène ne dut la vie qu'à une fuite précipitée au palais de l'ambassade anglaise. En 1828, pendant le conflit turco-russe, le monastère de Halky devint le séjour des prisonniers de guerre moscovites. Il y en eut à un moment plusieurs centaines. Beaucoup moururent de leurs blessures; plus de trois cents furent enterrés sous les pins et les oliviers. A quelques pas des constructions actuelles, un enclos planté d'arbres, ceint de grilles de fer, marque la dernière demeure de ces tristes et déjà lointaines victimes de l'éternelle question d'Orient. Un ange en marbre blanc élevant une croix, serrant l'écusson des tzars, veille sur leurs restes obscurs. Seuls, les noms des officiers sont inscrits sur les bas-reliefs de pierre.

En 1831, le monastère de Halky a subi une dernière et importante transformation. Une grande école commerciale, le *Phrontistirion Hellinicon*, actuellement dirigée par un savant

Grec originaire de Trébizonde, M. Xanthopoulo, y a été installée par les soins de quelques citoyens aussi généreux que dévoués. Cette institution en pleine prospérité compte près de 400 élèves venus de toutes les parties du monde grec, du fond de la Cappadoce et du Pont, comme des colonies de Marseille ou d'Alexandrie, dirigés par des maîtres instruits passionnés pour le progrès. Aucun lieu ne se prête mieux à l'éducation d'une nombreuse jeunesse que ce vaste édifice dans ces belles et calmes solitudes. Une visite à l'antique monastère tout dernièrement encore restauré et agrandi aux frais de M. Zafiropoulo de Marseille, présente le plus vif intérêt. La chapelle de Marie Comnène est toujours là presque intacte et rappelle de touchants souvenirs. Les inscriptions dédicatoires retrouvées par le savant patriarche Constantios ont malheureusement disparu; mais la sacristie contient de riches ornements d'église, des reliquaires, des croix, des vases d'autel, des évangéliaires, des icones, en partie donnés par Alexandre Ypsilanti, en partie plus anciens ; la bibliothèque conventuelle possède encore, malgré bien des dons imprudents et des spoliations indiscrètes, plus d'un rare et précieux manuscrit, ainsi que quelques imprimés, plus de cent cinquante volumes en tout, dont un du IXe siècle, fort important ; enfin, dans l'église et ses alentours sont enterrés des morts nombreux dont les pierres tombales rappellent les noms parfois célèbres. Ce sont, outre Panagiotaki, plusieurs patriarches de l'Église grecque, morts au siècle dernier, Timothée mort en 1622, le Crétois Cyrille I, cinq fois patriarche, entre 1622 et 1641, étranglé et jeté à la mer sous le règne d'Ibrahim, Parthénios II, égorgé en 1650 sous Mohammed IV, Parthénios III, massacré six ans plus tard sous le même sultan, Callinique II, mort en 1702, Gabriel III en 1707, Paissios II en 1756. De nombreuses tombes d'higoumènes se groupent autour des sépultures de ces chefs de l'Église.

A une faible distance du collège, non loin du

cimetière russe, gît une tombe qui, elle aussi, a son intérêt presque romanesque, et qu'on est étonné de trouver en ces lieux au sortir de tous ces souvenirs de la vieille Byzance; c'est celle d'un ambassadeur d'Angleterre, sir Édouard Bardon ou Barton, le second qui ait été envoyé par les souverains de la Grande-Bretagne auprès de la Sublime Porte. Cet *illustrissime et sérénissime orateur de la reine des Anglais*, comme le qualifie l'épitaphe latine, représenta la grande Élisabeth auprès des sultans Amurat III et Mohammed III. Il accompagna ce dernier prince dans sa fameuse campagne de Hongrie en 1596, et assista à la prise d'Agria en haute Hongrie et de Canissa en Croatie, où notre duc de Mercœur se distingua si fort dans les rangs chrétiens. De retour à Constantinople, le jeune diplomate tomba malade d'une affection de poitrine et non point comme on l'a dit de la peste affreuse qui désola Constantinople cette même année, et qui, en un seul jour, enleva dix-sept princesses, sœurs du Sultan, avec un grand nombre de leurs esclaves. Ce fut une des plus terribles épidémies de cette ville, si fertile en ce genre de calamités. Le silence de mort qui régnait dans l'immense capitale n'était troublé que par les coups de canon qu'on tirait à chaque instant dans tous les ports, sur toutes les places publiques, pour purifier l'air. Bardon, fort souffrant, s'était fait transporter au couvent de Halky, où l'air était plus pur. Il ne se remit point et mourut en janvier 1597, âgé de trente-cinq ans ; on l'enterra près de l'église, avant le grand incendie qui devait ruiner le monastère. Lors de la seconde restauration de l'édifice aux frais d'Ypsilanti, la pierre tombale qui portait son épitaphe fut maladroitement employée aux constructions, et des ouvriers, peu au fait des égards diplomatiques et des obligations internationales, dressèrent irrespectueusement cette dalle historique au-dessus d'une des portes du monastère. Depuis elle a été replacée sur la tombe du diplomate anglais. Ses armes, trois têtes de cerf, surmontent l'inscription encore bien conservée.

IX

De la grande école grecque, on se rend au second couvent de Halky, placé sous l'invocation de la Trinité, *Hagia Trias* ou *Triada*, par un chemin si charmant, par des allées si belles surplombant la mer, qu'on se croirait dans quelque parc anglais, aux rives élégantes de l'île de Wight. La situation de ce second édifice est également incomparable. Il s'élève au milieu des grands arbres sur un éperon de l'île qui se dresse en face de la côte de Bithynie et d'un des plus beaux panoramas du monde. Vu de loin, ce promontoire riant, couronné par de vastes bâtiments, séparé au sud de la petite ville par une vallée ombreuse et profonde, bornée au nord par un golfe mignon à la courbe gracieuse, semble une île elle-même, sentinelle avancée de la verdoyante Halky. Des hautes terrasses de ce monastère, devenu aujourd'hui la grande école de théologie de tout le clergé grec de l'empire, des bancs vénérables placés dans les bosquets de pins, l'œil ravi ne sait où se reposer, errant de merveille en merveille, des flots bleus qui l'entourent aux vaporeux sommets de l'Olympe, des minarets innombrables de Stamboul aux mille petits villages dont les blanches agglomérations piquent çà et là la côte verdoyante et quelque peu monotone du golfe de Nicomédie.

Suivant une tradition, malheureusement trop peu certaine, le fondateur de ce second monastère aurait été l'illustre Photius, un des patriarches les plus savants, les plus fameux et les plus discutés de Constantinople, une des plus marquantes figures de l'empire grec au IX° siècle. On ne sait presque rien de l'histoire de cet édifice à l'époque byzantine, ni de celle des moines qui y ont vécu sous les empereurs grecs comme sous les sultans ottomans. La Sainte-Trinité de Halky finit, elle aussi, par tomber en ruines; elle fut rebâtie au xvi° siècle aux frais du fameux Métrophane, fils d'un tuilier du village de Sainte-Paraskévi (l'Haskeuï d'aujourd'hui), qui fut en 1554 nommé par son ami le patriarche Josaphat II, archevêque de Kaisarieh en Cappadoce, et devint plus tard en 1565, lui aussi patriarche de Constantinople. Il le fut par deux fois et mourut en 1580. Sous son premier pontificat, la simonie devint telle qu'il dut abdiquer; c'est de lui que, dans un article récent de la *Revue des Deux-Mondes*, M. de Vogué racontait une anecdote caractéristique; comme on lui proposait, lors de cette première chute, les deux diocèses de Lamia et de Chio, il accepta, vendit aussitôt le premier et se retira dans le second. Les adversaires de Métrophane l'ont accusé, non sans preuves, on le voit, d'avoir trop aimé l'argent; mais il eut une qualité qui, malgré tout, doit rendre son nom cher à ceux qu'intéressent les choses d'autrefois; ce fut un savant éclairé pour son époque; il s'acharna à retrouver le plus de manuscrits échappés à la grande catastrophe de 1453. Il en réunit une belle quantité dont le catalogue manuscrit, en date de 1572, se trouverait, d'après Du Cange, à notre Bibliothèque Nationale; mais hélas, après sa mort, cette collection si précieuse fut dispersée. L'érudit diplomate Ghislain de Busbecq, celui que l'importation du lilas en Europe devrait avoir rendu célèbre, et qui passa trois mois à Halky vers le milieu du xvie siècle, en emporta une cargaison de manuscrits admirables, entre autres un Dioscoride fameux, qui est aujourd'hui à Vienne et qu'il paya cinquante ducats. C'est à peine s'il reste une faible portion de tant de trésors au couvent de la Sainte-Trinité. Ce résidu, connu sous le nom de fonds Métrophane, constitue la partie la plus précieuse de la riche bibliothèque du Séminaire.

Le couvent de *Hagia Trias*, restauré à la fin du siècle dernier, fut incendié en 1821; mais une fois encore il fut relevé par les soins du patriarche Germain IV en 1844. Cette même année le vieux monastère de Photius fut définitivement transformé en école de théologie, habitée par plus de quatre-vingts étudiants.

C'est merveille de venir au soleil couchant, s'asseoir sur la grande terrasse sous les vieux arbres séculaires. Toute la côte d'Anatolie, les deux rives du golfe d'Ismid qu'ont si souvent longées les galères byzantines allant porter en Asie les armées impériales, toutes les pentes des hautes collines de Bithynie sont éclairées de teintes d'un éclat tel qu'aucune plume n'en saurait décrire les courbes profondes et les reliefs éblouissants. Les maisons turques, rouges et brunes, qui viennent se baigner dans la mer, les hauts bouquets de pins, de platanes et de sycomores, qui les ombragent magnifiquement, ressortent dans des flots de chaude lumière. La croupe arrondie de l'antique mont Saint-Auxentios domine les lointains horizons qu'animent sur la gauche les minarets de Kadikeui et de Scutari. Plus à gauche encore Constantinople disparaît, à demi noyée, dans un poudroiement doré; aux pieds des spectateurs, les îles de Proti et d'Antigoni sont toutes parsemées de blancs édifices. Prinkipo étale ses bosquets d'arbres, ses jardins suspendus, ses belles villas à terrasses italiennes, toutes parsemées d'arbustes en fleurs. Mais c'est l'Olympe surtout, la vieille montagne sacrée du paganisme asiatique, qui forme la partie la plus saisissante du tableau. Ses immenses nappes d'une blancheur éclatante, rosées par les dernières lueurs du jour, forment comme une barrière radieuse entre le ciel d'un bleu pâle taché de raies fauves et les pentes plus basses, vertes et boisées, au pied desquelles se cachent déjà dans une obscurité profonde les villes de la Bithynie et ses innombrables hameaux. Au loin, au delà de Constantinople, fuient les basses côtes de Thrace. La mer, blanche d'écume, est semée de mille voiles grandes et petites; de toutes parts, gros navires, lourdes barques aux formes antiques, navires à vapeur aux interminables panaches de blanche fumée, convergent vers le tumultueux rendez-vous de la Corne-d'Or. Les caïques imperceptibles, semblables de loin à des fourmis de mer, glissent rapidement d'une île à l'autre, silencieux et pleins de mystère. Chaque anse a son petit port, son échelle en miniature, ses bateaux de pêcheurs pittoresquement amarrés, ses espaliers de verdure descendant jusqu'au bord de l'eau. Jamais l'esprit de l'homme n'a pu rêver solitude plus belle, plus propre à élever l'âme. Si les jeunes lévites dont les années s'écoulent dans ce lieu béni, dont les heures se partagent entre l'austère méditation des vieux pères de l'Église, et la contemplation de ces sereines beautés, ne deviennent pas des prêtres accomplis, c'est que leur âme est vide d'aspirations, incapable d'essor.

Comme nous gravissions, un beau soir d'automne, le chemin en pente douce qui serpente le long du promontoire et aboutit à la grande porte du couvent, ombragée de vieux arbres, surmontée d'une de ces inscriptions pompeuses dont l'Église orthodoxe est prodigue, un spectacle saisissant s'offrit à nous. Deux groupes vêtus de noir, dans le sobre et sévère costume du clergé grec, venaient de se rencontrer ; l'un se composait de ces beaux hommes à la chevelure longue, à la barbe déjà blanche ou encore d'un noir d'ébène, aux traits nobles et réguliers, admirables représentants du haut clergé grec, dont la personne respire un air d'indicible majesté ; l'autre, ne comprenait que des jeunes gens, eux aussi aux mouvements déjà nobles et solennels, à la figure pâle et expressive, à la longue chevelure noire dont les tresses d'apparence toute féminine ont peine à se cacher sous le haut bonnet cylindrique. Les vieillards, descendus de leurs rustiques montures, s'appuyant sur le bâton épiscopal, tendaient sans affectation des mains que les jeunes gens rangés sur leur passage embrassaient avec respect mais sans dévotion outrée. Ces hommes déjà mûrs, ces vieillards, c'étaient le patriarche de Constantinople, celui d'Alexandrie et tout le Saint-Synode, ce haut et suprême conseil de l'Église grecque ; c'étaient les métropolitains d'Éphèse, de Nicomédie, de Pharsale, d'Imbros, de Salonique, portant tous ces grands et glorieux noms de l'Église primitive, successeurs directs des grands confesseurs et des grands martyrs, des grands orateurs des conciles fameux, dignes héritiers de si hauts noms, prêtres savants et instruits, patriotes éclairés et fervents, religieux sans étroitesse. Ce groupe auguste venait présider à la solennelle réouverture annuelle des cours de l'école théologique, où la plupart d'entre ces hommes avaient fait leurs premières armes. Les jeunes gens, c'étaient les élèves actuels qui, leur archimandrite en tête, venaient à la rencontre de leurs chefs ecclésiastiques et leur souhaitaient cette silencieuse et respectueuse bienvenue.

Un troisième et dernier couvent, d'origine bien moins ancienne, s'élève à Halky tout près du village de l'île, vers la haute mer, sous le vocable de Saint-Georges. On le nomme aussi monastère du *Précipice* à cause de sa position sur une falaise escarpée. De ses terrasses, on jouit d'une des plus belles vues sur Prinkipo et sur le très sauvage promontoire qui porte le couvent du même nom dans cette île. Jusque vers le milieu du siècle dernier, ce monastère avait dépendu des métropolitains de Chalcédoine. En 1758, il fut, ainsi que l'église attenante, restauré ou plutôt reconstruit par un d'entre eux, Joannice III Karadja, de l'illustre famille de ce nom, lequel, élu patriarche de Constantinople trois ans après, fut bientôt déposé à cause de son incroyable prodigalité, vertu peu canonique qui lui valut en plus un exil de deux ans dans la thébaïde du mont Athos. A l'expiration de cette peine, il se retira dans le monastère de Saint-Georges, qui était devenu sa propriété et où il fut enterré en 1793. Il légua le couvent au Saint-Sépulcre de Jérusalem, qui en est le possesseur actuel. Deux superbes allées de cyprès plantées par lui existent encore, l'une conduisant du monastère à l'ancienne résidence du prélat, transformée en collège naval ottoman, l'autre du monastère au village. Karadja n'est pas du reste, on l'a vu, le seul patriarche de Constantinople qui ait trouvé dans Halky sa demeure dernière. Cette île fut aux deux siècles passés un lieu de funérailles favori pour ces prélats si déchus de leur grandeur passée, tristes jouets aux mains des sultans et des grands vizirs, souvent du reste indignes d'un sort meilleur. Outre celui qui est enseveli à Saint-Georges, outre les sept ou huit qui ont leurs tombeaux au couvent de la Vierge ou du Précurseur, l'église même du village contient la dépouille d'au moins l'un d'entre eux.

Plusieurs autres de ces prélats, rendus si impuissants par leur état de servitude, par l'abaissement moral de leurs ouailles, reposent peut-être ignorés à côté de leurs collègues plus heureux, dont une épitaphe a transmis les noms à la postérité. Qu'il y a loin de ces humbles vieillards, toujours tremblants sous la baguette d'un eunuque, rampant devant le grand vizir, toujours, bourse en main, achetant à prix d'or leur grandeur dérisoire, à leurs aînés, ces fiers et somptueux patriarches de la Constantinople byzantine, souvent fils ou frères d'empereurs, pontifes savants ou politiques intrépides, saints martyrs ou viveurs effrénés, les premiers à Byzance à côté du basileus, devant lesquels souvent les Porphyrogénètes tremblaient, qui, mêlés passionnément à toutes les intrigues de cette politique terrible, succombaient souvent, mais aussi souvent triomphaient, faisant et défaisant les empereurs, aux acclamations enthousiastes d'une multitude dévote.

Le plus fameux de ces porte-mitre de la décadence qui dorment du dernier sommeil sous les dalles de Halky, au bruit des flots de Marmara, est Samuel 1er, dit le Constantinopolitain, savant distingué, élu patriarche le 22 mai 1763, déposé et exilé au mont Athos en 1768, réélu en 1773, déposé à nouveau l'année suivante et envoyé à Halky, où il mourut, le 10 mai 1775, avec la réputation d'un des plus distingués prélats qui aient présidé aux destinées de l'Église orthodoxe.

Le couvent de Saint-Georges de Halky, dont le site sauvage mérite une visite, est aujourd'hui occupé par des familles grecques de la petite bourgeoisie. L'église seule est desservie.

Les larges bâtiments, d'aspect correct et bien ordonné, qu'on aperçoit sur la gauche du village, en arrivant à la jetée, au pied même du couvent de Saint-Georges, renferment le collège naval ottoman qui y fut transféré par Mahmoud II. L'îlot de Pitys ou Pita, situé à une faible distance de Halky, entre cette île et Prinkipo, n'a aucune importance; son nom rappelle seul la vieille désignation de *Pityoussai* appliquée à cet archipel par les anciens, et les forêts de pins qui jadis en couvraient les pentes.

8.

X

L'île principale de ce charmant groupe des Princes, se présente à quelques centaines de mètres au delà de Halky; c'est Prinkipo, de toutes la plus connue, but ordinaire des touristes pressés. Le débarquement dans ce séjour fortuné est d'une gaieté, d'une variété extraordinaires. Le steamer aborde à une longue jetée, toujours encombrée d'une foule pittoresque. Les cafés élevés tout le long de la berge sont incessamment fréquentés. Derrière ce premier plan, plein de vie et de mouvement, s'étagent en éventail d'innombrables maisonnettes, de riches villas, entremêlées de quelques-uns de ces gigantesques platanes qu'on admire tant en Orient, environnées de ce luxe d'arbres, de plantes grimpantes, de fleurs, glycines, jasmins, arbres de Judée, lauriers-roses, qu'on ne voit en telle profusion qu'aux environs de Constantinople. De grands hôtels aux vastes terrasses occupent le bas de la hauteur. Au-dessus d'eux grimpent les villas dont la foule va grossissant et s'élevant sans cesse sur le coteau, disputant l'espace aux vergers, aux bouquets de pins et de chênes verts, dont les ombrages couronnent les sommets et forment à ce riant village un fonds riant.

En gravissant ces pentes rapides, le long de ces grilles élégantes, devant ces haies de fleurs, devant ces portes où se pavanent des serviteurs dans de riches costumes croates ou albanais, devant ces maisons aux jalousies fermées, derrière lesquelles résonnent les sons du piano ou la voix des enfants rieurs, en passant devant ces jardins, où, parmi les lauriers-roses, auprès des jets d'eau jaillissant dans des bassins de marbre, les coquettes Levantines fument la cigarette parfumée, boivent à petit trait le café, ou savourent le glyco et ses variétés innombrables, le touriste dépaysé a quelque peine à se figurer que toute cette vie mondaine et moderne s'agite aux extrémités mêmes de l'Orient policé, et qu'à quelques centaines de mètres au delà de ces flots bleus et de cette riante côte de Bithynie, le pays de sauvagerie commence avec son cortège de meurtres et d'insécurités, que, de toutes ces terres environnantes, la civilisation s'est retirée depuis des siècles, et que de rustiques et barbares habitants y tremblent à toute heure sous la carabine du Tcherkesse errant ou sous le coutelas du Zeibek ; que derrière ces collines enfin s'étendent les solitudes sans bornes où paissent les grands troupeaux, où circulent de rares voyageurs groupés en lentes caravanes, comme il y a trois mille ans, pour franchir plus sûrement ces espaces perdus.

Un grand nom domine tous les autres souvenirs historiques de Prinkipo; c'est celui de l'impératrice Irène, une des femmes les plus passionnément ambitieuses, les mieux douées, qui aient jamais occupé le trône d'un grand empire. C'est à Prinkipo qu'elle commença sa dure expiation si tragiquement terminée à Lesbos.

Ce n'est pas le lieu de rappeler longuement cette existence si remplie, cette haute fortune soudaine, ces nobles qualités souillées par tous les crimes que peut exciter une soif effrénée du pouvoir. Tous ont plus ou moins entendu parler de cette jeune Grecque de naissance médiocre, choisie par Constantin Copronyme pour devenir l'épouse de son héritier, le futur Léon IV, dit Khazare; tous ont entendu raconter la vie d'abord obscure de la nouvelle princesse brusquement mise en lumière par la mort prématurée de son époux et la jeunesse de leur fils Constantin, le règne énergique de la régente, ses luttes contre les Sarrasins, sa vaine résistance aux empiètements de Charlemagne et du pape en Italie, la guerre impitoyable qu'elle fit aux Iconoclastes. C'était une femme vraiment née pour le trône, d'une intelligence virile, admirablement douée de toutes les qualités qui font les grands souverains, sachant vaincre par la flatterie comme par la terreur, sachant parler au peuple et s'en faire aimer, excellant à choisir ses conseillers, douée d'un parfait courage et d'un admirable sang-froid. Malheureusement le désir de régner étouffa chez Irène jusqu'au sentiment maternel et fit de cette femme remarquable la pire des criminelles. Certes son fils, faible et débauché, l'incapable Constantin VI, le fiancé de Rothrude, la fille de Charlemagne, puis l'époux successif de la malheureuse arménienne Marie et de la fille d'honneur Théodote, ne fut point un prince digne d'intérêt; certes l'empire se trouvait mille fois plus en sûreté aux mains de l'énergique Irène; mais que penser d'une mère qui, par deux fois, au mépris de tous les droits, dépouilla son fils du pouvoir, et qui, ne sachant comment se débarrasser de lui, comment paralyser les partisans du jeune prince toujours prêts à conspirer, comment affermir définitivement dans sa main ce pouvoir dont elle ne pouvait se passer, n'hésita pas à faire crever les yeux à son propre enfant.

Depuis longtemps d'ailleurs, la dénaturée créature, haïssant ce fils qui l'avait une fois déjà chassée du trône, ne pouvait se résoudre à lui remettre cet empire auquel sa majorité venait de lui conférer des droits uniques. Depuis longtemps elle avait tout fait pour le rendre odieux. Le 17 juin 797, une troupe de soldats étrangers, soigneusement déguisés, fondit sur lui à son retour du Cirque, non loin du palais de Saint-Mamas, au fond de la Corne-d'Or, là où est l'Eyoub d'aujourd'hui. Il put leur échapper et, se doutant bien d'où partait le coup, gagna en hâte la rive asiatique de la mer de Marmara. Irène, après s'être emparée du Grand Palais, prit immédiatement en mains le pouvoir et manœuvra si habilement que ceux mêmes qui avaient d'abord suivi son malheureux fils dans

sa fuite, finirent par se saisir de lui, le mirent
lié dans une barque et le ramenèrent à Constantinople malgré ses cris.

C'était le 19 août, de grand matin, deux mois
après le guet-apens de Saint-Mamas. L'infortuné
fut enfermé dans la chambre où Irène l'avait mis
au monde. Ses craintes étaient grandes ; mais il
finit par se tranquilliser, songeant que sa mère
seule aurait à décider de son sort. Cependant les
conseils se succédaient chez l'impératrice ; affolée
du pouvoir, Irène ignorait la pitié, et n'avait
qu'une résolution inébranlable : empêcher à jamais son fils de recommencer la révolution
qui, une fois déjà, l'avait chassée du Palais ;
seulement elle balançait entre la mort et la
mutilation. Elle manqua du courage suprême,
et se contenta du second de ces crimes, qui
suffisait du reste au but qu'elle se proposait.
Le jour baissait ; Constantin, accablé par la
fatigue et l'émotion, dormait d'un lourd sommeil. Les misérables, chargés de lui crever les
yeux, se glissèrent auprès du jeune prince ; il

ne se réveilla qu'au moment où on lui enfonçait dans chaque œil un poinçon avec une violence telle que ce fut un miracle si le cerveau n'en fut pas atteint. Il poussa un rugissement de bête fauve. Ses cris ne cessèrent que pour faire place aux malédictions qu'il proférait contre sa mère; pendant plusieurs heures il se roula par terre dans d'horribles convulsions. Il survécut à ses plaies qu'il ne voulut jamais laisser panser, et refusa longtemps de prendre aucune nourriture, passant ses heures à gémir, étendu sur un lit. Il finit toutefois par s'accoutumer à cette mort vivante, et recommença la vie de chaque jour; mais il était frappé au cœur; d'autres princes byzantins, bien que soumis à la même mutilation, si fréquente en ces époques terribles, avaient paru se concentrer en eux-mêmes; on avait vu leur énergie ou leur souplesse grandir; on les avait vus réussir même à remonter sur le trône, à se venger de leurs bourreaux; lui, fut du coup anéanti. Il vécut inerte, impuissant, méprisé et oublié. Au moment du crime il n'avait que vingt-sept ans et en avait déjà régné dix-sept. Il survécut à sa cruelle mère, mais ne compta plus dans le gouvernement de l'empire. Sa première femme Marie lui avait donné une fille, Euphrosyne, qui, toute enfant, lors du supplice de son père, fut enfermée par son aïeule dans le grand couvent de femmes de Prinkipo.

J'ai dit le crime d'Irène; je passe sur son règne court et brillant qui vit les trois dernières années du VIIIe siècle et les premières du IXe, et j'arrive d'emblée à l'expiation.

Irène avait épuisé tous les triomphes. Ressuscitant les pompes d'autrefois, elle avait paru le lundi de Pâques, au retour de la traditionnelle promenade impériale aux Saints-Apôtres, la couronne en tête, le sceptre et le globe en main, couverte de pourpre, d'or et de pierreries, debout sur un char triomphal tout plaqué d'or, attelé de quatre chevaux blancs tenus en laisse par deux ducs et deux patrices, faisant jeter à pleins boisseaux les pièces d'or et d'argent, parmi la multitude qui l'acclamait. Elle avait donné à ses sujets le meilleur gouvernement et le plus réparateur qu'eût peut-être vu l'empire byzantin ; elle avait à tel point frappé et ébloui ses contemporains, que les écrivains grecs, pour cette seule raison que le nom de Charlemagne emplissait l'Occident, comme le sien emplissait tout l'Orient, ont solennellement affirmé que le fils de Pépin le Bref avait brigué la main de la fière basilissa. Le fait est faux, et les ambassades célèbres que le grand empereur et la grande impératrice échangèrent eurent des motifs bien différents ; il ne dut même jamais y avoir entre eux que doute et défiance, et Irène, dans toute sa gloire, dut assister frémissante d'impuissance à cette révolution gigantesque, qui, pour la première fois depuis des siècles, voyait relever aux côtés de la grandeur de Byzance une autre et formidable grandeur impériale. Invincible en Orient, elle dut subir ce complet échec diplomatique qui marqua la chute de l'influence byzantine en

Italie, et ce fut peut-être là un de ses plus secrets mais plus cruels châtiments. La punition suprême ne fut pas longue à survenir. Jessé, évêque d'Amiens, et le comte Hélingand, ambassadeurs de Charlemagne, venus en compagnie de l'envoyé d'Irène, le spathaire Léon, pour négocier un traité entre le nouvel Auguste d'Occident et celle que les poètes de cour appelaient la nouvelle Sémiramis, furent les témoins émus de cette grande catastrophe. Elle fut pour Irène aussi soudaine, aussi complète que l'avait été son élévation. Une révolution de palais l'avait fait triompher, une autre la jeta bas. C'était bien toujours là le point faible de ces souverainetés basées sur la ruse et l'intrigue. Le basileus commandait à la moitié du monde connu, il était gardé par des milliers de Varègues et de gardes étrangers, et il succombait à une obscure conjuration de quelques officiers ou fonctionnaires qui le saisissaient nu dans son lit et l'expédiaient rasé dans un monastère. Dépouillé du pouvoir effectif, ne pouvant plus ni commander ni punir, il devenait instantanément un être absolument faible et misérable ; il n'était plus rien ; le peuple qui l'acclamait la veille, le huait en applaudissant son successeur, et l'armée qu'il avait dix fois menée aux frontières ne le connaissait plus, ne songeant qu'aux largesses qui allaient signaler l'avènement nouveau. Il en fut ainsi d'Irène. Au moment où, à force d'argent intelligemment distribué, à force de bienfaits réels, elle semblait avoir gagné à jamais l'affection des Byzantins et fait oublier à la fois son atroce action et le malheureux qui en avait été la victime, elle devint subitement elle-même le jouet d'un vulgaire ambitieux. L'eunuque Aétios, son favori du moment, homme hautain et avide, attira sur lui et sur sa souveraine la haine de quelques dignitaires. Sept autres eunuques, car cette cour extraordinaire fourmillait de ces personnages investis des plus hautes charges : Nicétas, commandant en chef des gardes, Sisinnios, Léon Clocas, surnommé Sarantapichys (quarante coudées) à cause de sa taille gigantesque, tous trois frères, Théoctiste, questeur, Léon de Sinope, trésorier impérial, également surnommé le Géant, Grégoire, fils de Mousoulakios, et Pierre, convinrent de proclamer une de leurs créatures, le Pisidien Nicéphore, d'origine arabe, grand logothète. Irène, maintes fois prévenue des ambitieuses visées de ce personnage, l'avait constamment méprisé ; elle s'était bornée à lui adresser quelques reproches auxquels le fourbe avait répondu par mille protestations.

Les chefs du complot choisirent un jour où l'impératrice, alors presque quinquagénaire, malade et alitée, était retenue à sa villa d'Éleuthère, sur la rive de Marmara, résidence favorite qu'elle s'était fait construire, et où elle avait accumulé de grands trésors. Le 31 octobre 802, vers les dix heures du soir, les conjurés en armes, presque tous patrices, se groupèrent rapidement devant la porte de bronze du Grand Palais. Trompant la garde sur les intentions d'Irène, intimidant les chefs subalternes seuls présents à cette heure, ils réussirent à faire pénétrer Nicéphore, qui fut incontinent proclamé dans la Salle du Trône. Des partisans, lancés à travers la ville endormie, jetèrent à grands cris l'annonce de l'événement, selon la formule consacrée « Nicéphore Auguste, longue vie à Nicéphore »! En même temps une autre bande se présentait à Éleuthère, s'emparait des issues et pénétrait brusquement dans les appartements privés de la souveraine. C'est à peine si on donna à Irène le temps de se vêtir. Elle fit belle contenance, trop fière pour se plaindre, même pour paraître étonnée. Au petit jour, on la mit dans une litière fermée qui la transporta au Grand Palais, où elle fut emprisonnée, tandis que le parti vainqueur forçait, l'épée à la main, le patriarche Tarasius à couronner le nouveau basileus dans Sainte-Sophie. C'était un sombre jour d'automne. Le froid était perçant; il faisait presque nuit. La foule, tremblante devant tous ces hommes armés, mais regrettant cette grande souveraine ainsi détrônée par un homme de rien, gardait le silence.

Ce fut sous ces auspices lugubres, faits pour inspirer la crainte à tous ces superstitieux, que le nouveau règne commença. Le fait que l'impératrice, si virile, et si habile politique, succombait aux intrigues de quelques eunuques, contristait la multitude. « La conspiration de ces hommes, dit le naïf Lebeau, rendit cette espèce d'individus plus odieuse encore et rappela la mémoire d'un dicton déjà ancien chez les Byzantins et qui ne fait pas honneur à la nation. Si vous avez un eunuque, tuez-le ; si vous n'en avez pas, achetez-en un pour le tuer. »

Cependant Irène, maîtresse d'elle-même, ne connaissant pas la peur, attendait, grande philosophe résignée, la fin de cette aventure. Le jour suivant, elle entendit un cliquetis d'épées. Nicéphore venait voir sa prisonnière. L'histoire ne dit pas quels regards échangèrent les deux acteurs de cette entrevue dramatique. Irène, dressée sur sa couche, garda le silence, dévorant l'humiliation de comparaître devant l'esclave d'hier qui tenait sa vie. Nicéphore parla le premier. Suivant l'insigne duplicité qui le caractérisait, il traita Irène avec une bienveillance affectueuse, affirmant qu'il ne montait qu'à regret sur un trône qu'il détestait; il supplia l'impératrice d'avoir confiance, jurant par les grandes reliques de la protéger, se disant son esclave; puis, démasquant ses désirs secrets, cet avare endurci, sous prétexte de consacrer le plus de ressources au bien public, adjura la captive de lui révéler les cachettes où elle avait enfoui d'immenses trésors, toute son épargne. « Dieu, répondit lentement Irène, m'a tirée du néant pour me faire impératrice ; mes péchés ont causé ma chute; que le nom de Dieu soit béni! Il t'élève à ma place, Nicéphore. Je n'ai jamais obéi, tu le sais, aux soupçons qu'on m'inspirait à juste titre contre toi. Tu étais en ma main, et j'aurais pu te faire périr. Comme Dieu a disposé de ma couronne, ainsi il disposera de ma vie. S'il veut que je la conserve, je te demanderai une faveur unique. Empare-toi de tout ce que je possède, mais laisse-moi mon palais d'Éleuthère où je désire terminer ma vie dans le deuil et la contrition. » Nicéphore charmé avait atteint son but. Irène jura sur la vraie Croix qu'elle livrerait tous ses biens et tint parole; en échange le parvenu qui était devenu son maître lui promit ce palais sur lequel elle concentrait ses affections dernières. Mais elle avait compté sans la fourberie de cet homme, qui ne pouvait souffrir dans la capitale la présence d'une aussi redoutable rivale. Aussitôt qu'il eut pris possession de toute la fortune d'Irène, il la fit saisir de force et conduire à Prinkipo. Sa chevelure grise tomba; elle aussi dut endosser la défroque monacale qu'elle avait imposée à tant d'autres sous son règne impitoyable. Celle qui avait partagé avec Charlemagne l'empire du monde, devint nonne au grand couvent de filles qu'elle avait fondé à Prinkipo. Dans ses longues insomnies, sur la couche grossière qui avait succédé au lit de pourpre et d'or du Cubiculum sacré, l'impériale victime dut souvent songer avec effroi à ce fils encore vivant si cruellement torturé par elle. Nous n'avons aucun détail sur les derniers jours d'Irène; mais avec la connaissance que nous avons de ce caractère passionnément autoritaire, nous pouvons imaginer quelles durent être les souffrances de son amour-propre brisé, et sa haine impuissante contre le misérable qui la commandait.

Novembre n'était pas écoulé, que Nicéphore devenu odieux à tous par ses rapines et ses proscriptions, trouva que sa victime était trop proche encore. Un soir, une galère vint aborder à Prinkipo; des soldats en sortirent, et l'impératrice dut encore une fois suivre ses geôliers. On la conduisit, par delà les Dardanelles, à Métélin, l'ancienne Mytilène de Lesbos. Dans cette île boisée, si verte et si riante, sa captivité fut autrement étroite qu'au couvent de Prinkipo. L'empereur avait donné ordre de la traiter avec la dernière rigueur; défense fut faite de la laisser communiquer avec personne; on lui retira toute liberté, tout secours pécuniaire; et elle qui avait ébloui de ses triomphes les Byzantins blasés, vêtue de haillons, manqua bientôt du nécessaire. On dit qu'elle fut réduite à filer pour gagner sa vie. Ce régime atroce pour une femme de son rang, cette humiliation insupportable, eurent vite raison d'une âme peu habituée à plier. Le 9 août 803, huit mois après son arrivée à Lesbos, Irène expira comme une pauvresse dans l'isolement et l'oubli. Aucune chronique de ces temps où le succès attirait seul l'attention n'a pris la peine de nous retracer ses derniers instants. Son corps fut enseveli, disent les historiens, à Prinkipo, dans ce même monastère où elle avait vécu quelques jours.

Lorsque les croisés de 1204 eurent pris Byzance et chassé la dynastie des Ange, ces rudes conquérants violèrent les tombes des empereurs et des impératrices; les grands sarcophages de porphyre rouge ou de brèche verte furent brisés et les os des Porphyrogénètes jetés au vent. Seule, la sépulture d'Irène, de celle qui avait failli devenir l'impératrice de Charlemagne, fut respectée, dit la tradition, par nos pères. Il était réservé aux Turcs de faire disparaître obscurément ce souvenir d'une des femmes les plus considérables de l'histoire, et le beau sarcophage vert qui se dresse mélancoliquement à deux pas de la vieille église du Pantocrator, transformé par les fils de l'Islam en un vulgaire bassin de fontaine, n'a aucun droit à la légende populaire, encore aujourd'hui persistante, qui veut en faire le dernier asile de l'illustre princesse byzantine. Mais l'ombre d'Irène doit errer encore sur les plages désertes de Prinkipo qui virent ses larmes impuissantes, et si les trépassés quittent parfois leur demeure pour revivre quelques instants parmi nous, la basilissa doit venir souvent s'asseoir, désolée et silencieuse, sur les hauts sommets de l'île parfumée, parmi les pins et les myrtes, et contempler longuement la ville aux mille minarets qui a succédé à sa capitale splendide, témoin mutilé de ses grandeurs et de ses crimes.

Les monnaies d'or et de cuivre, les besants et les *follis*, frappés au nom d'Irène et de son fils, sont rares et d'un beau travail. Sur les sous d'or ou besants, frappés lorsqu'elle était simple régente, son buste et celui de son fils occupent chacun une face de la monnaie; sur ceux au contraire émis après l'usurpation d'Irène, son effigie, détail qui constitue une véritable exception numismatique, figure à la fois au droit et au revers, comme si cet esprit démesurément ambitieux n'avait su qu'imaginer pour bien affirmer qu'elle était devenue l'unique souveraine. Ses traits, bien que grossièrement figurés par le graveur, sont nobles et fins, sous l'immobilité traditionnelle de l'iconographie byzantine. Son visage est fort et plein; elle porte la couronne formée d'un cercle d'or à rangs de perles, terminé par de hautes pointes triangulaires, avec la croix et de lourdes pendeloques de perles et de pierreries retombant sur les tempes, puis la robe impériale aux grands carreaux brodés, toute constellée de pierres fines et de rangs de perles, le globe crucigère et le sceptre d'or. Un titre unique, *Irène basilissa*, est gravé sur les deux faces de la monnaie.

J'ai dit que lorsque Irène consomma sur son fils le crime épouvantable, qui, malgré ses talents et presque son génie, a mis sa mémoire en exécration, elle avait fait transporter à Prinkipo l'unique enfant que le malheureux avait eu de sa première femme, l'Arménienne Marie ; cette petite princesse, nommée Euphrosyne, pouvait avoir sept ou huit ans à la chute de son père ; deux ans auparavant, sa mère, sous un faux prétexte d'adultère, car c'était une princesse chaste et bonne, avait été enfermée dans un monastère par ordre de l'empereur qui voulait se débarrasser d'elle, pour épouser la fille d'honneur Théodote dont il s'était épris. Cette Théodote dut très probablement, elle aussi, partager dans quelque cellule monacale la disgrâce finale de son époux Lors donc qu'Irène s'en fut allée rejoindre, elle aussi, dans l'isolement du cloître, toutes ces victimes premières, il y eut simultanément dans les couvents placés aux portes de la capitale, quatre princesses, dont trois impératrices, religieuses involontaires, victimes successives les unes des autres, saisissant exemple de la vanité de ces existences byzantines, passant en un moment des triomphes éclatants aux chutes cent fois plus éclatantes. Si de l'immense troupeau de princes et de princesses qui ont occupé ou du moins approché le trône sacré des successeurs de Constantin on retirait les noms de tous ceux et de toutes celles qui ont été déposés, cloîtrés, mutilés, ou simplement massacrés, la liste serait singulièrement abrégée.

Quant à la petite princesse Euphrosyne, martyre innocente des fureurs qui déshonoraient sa maison, sa destinée fut également lamentable. Il semble qu'elle ait d'abord été reléguée dans ce même grand couvent de filles, primitivement construit par l'empereur Justin, magnifiquement restauré par Irène, et où celle-ci vint, nous l'avons vu, passer les quelques jours qui précédèrent son exil final à Lesbos. Donc, au mois d'octobre 802, l'aïeule et la petite-fille, l'une presque au terme de son existence, l'autre jeune néophyte à l'aurore de la vie, durent se rencontrer dans les mêmes allées du cloître, partager les mêmes exercices pieux sous le même voile de la caloyère. De ce couvent, la vieille religieuse et la petite novice sortirent successivement, l'une pour aller mourir de chagrin dans le cachot de Mytilène, l'autre pour monter sur le trône où elle ne devait que passer, figure mélancolique et douce, qui étonne au milieu des horreurs de cette histoire sanglante. C'était en 823; il y avait vingt-six ans que la fille de Constantin et de Marie vivait à Prinkipo de l'existence désespérément monotone des filles cloîtrées de Byzance; il y en avait vingt qu'Irène était morte; Nicéphore Logothète, Michel Rhangabé, Léon l'Arménien avaient passé sur le trône, emportés successivement dans un même tourbillon de meurtre et de sang. Michel le Bègue, assassin du dernier d'entre eux, régnait depuis trois ans et venait d'étouffer dans d'horribles supplices la révolte du prétendant Thomas. Soudain, les voûtes silencieuses du vieux monastère retentirent des bruits du dehors et les nonnes curieuses relevèrent leurs yeux baissés sous leurs étroits capuchons. Le nouvel empereur, on ne sait à quelle occasion, avait vu Euphrosyne dont la longue claustration n'avait fait qu'augmenter la beauté éclatante. Depuis ce moment l'obscur Phrygien monté sur le trône par le meurtre de son bienfaiteur, était devenu éperdûment épris de la petite-fille d'Irène. Il brûlait de s'unir à elle, mais deux obstacles, dont l'un presque insurmontable, se mettaient en travers de ses fureurs amoureuses. D'abord il était déjà marié à Thécla, dont il avait un fils, Théophile, son héritier désigné; elle-même était fille d'un grossier capitaine; il l'avait épousée, lors de ses débuts, malgré son rang de simple soldat et l'infirmité qui lui valait son surnom. En second lieu, et c'était là l'empêchement véritable, Euphrosyne était cloîtrée depuis son enfance; elle avait prononcé les vœux, et la vierge consacrée à Dieu ne devait suivant toute loi religieuse de l'époque quitter sa cellule que pour le

charnier du cloître. Le mariage d'une religieuse
était considéré comme chose abominable. Enfin,
à supposer même que Thécla eût consenti plus ou
moins volontairement à divorcer, restait la question des secondes noces, toujours vues d'un œil
hostile par l'Église grecque. Tant de difficultés
furent cependant levées, et les voies de la Providence, la condescendance de l'Église, la toute-
puissance de l'empereur, finirent par triompher
de toutes les résistances. Thécla mourut fort à
propos. Alors, au dire des chroniques, Michel
eut recours à une ruse si grossière qu'elle ne
fait guère honneur à la perspicacité de ceux qui
en furent les victimes; l'exemple lui en avait du
reste été jadis donné par Claude, voulant épouser
Agrippine. Il afficha publiquement pour un second mariage une répugnance invincible; en
même temps, quelques sénateurs, dressés par lui,
furent chargés de le supplier publiquement de
se remarier, au nom de l'empire alarmé par la
présence aux pieds du trône d'un unique héritier
présomptif. Une scène de larmes fut simulée où

l'empereur fut conjuré en plein Sénat. Il refusa d'abord avec obstination ; ceux qui l'imploraient, embrassant ses pieds, redoublèrent d'instances. Il ne céda point encore, attendant qu'ils en vinssent aux menaces simulées. Alors seulement après de longues hésitations, comme si le secret qui l'oppressait lui brûlait les lèvres, il s'écria qu'une seule femme au monde serait capable de lui faire surmonter son horreur du mariage et que cette femme était Euphrosyne. Le tour était joué; le Sénat tout entier, complices naïfs ou fourbes ne demandant qu'à être trompés, acclamèrent l'empereur qui profita de ces dispositions pour faire rédiger une ordonnance tout en faveur de la nouvelle impératrice; elle devait lui succéder avec tous ses titres au cas où elle lui survivrait et les fils qui naîtraient d'elle seraient associés sur le trône à l'héritier Théophile. L'habile souverain ayant ainsi ménagé l'avenir, procéda sans répit à conclure l'union qui l'attirait invinciblement. Euphrosyne devint *augusta*, à la désolation des dévots qui prédirent à l'empire mille calamités.

Nous ignorons les détails de ces événements et quelles furent les résistances de l'Église. Le plus probable est que le patriarche iconoclaste, Antoine de Syllée, prêtre courtisan et viveur, sut faire en sorte que la volonté de l'empereur eût facilement gain de cause. Ce mariage criminel demeura stérile. Pendant que, sous ce règne déplorable, l'empire perdait successivement ses plus belles provinces, Candie, la Sicile, la Calabre et les Pouilles, tout le thème de Longobardie, enlevés par les Sarrasins, l'indolent Michel s'enivrait de la passion folle que lui inspirait sa femme et de sa haine de fanatique contre les orthodoxes. Par son ordre, Euthyme, métropolitain de Sardes, fut mis à mort à coups de fouet pour avoir adoré les Icones. Ce singulier souverain se riait des provinces que les Arabes lui enlevaient et se félicitait cyniquement d'être ainsi déchargé d'une partie des soucis du pouvoir. En 829, six ans après son mariage avec Euphrosyne, il mourut d'une perforation des canaux biliaires. Cet événement imprévu fit voir ce que valait une situation basée sur les serments imposés à un corps tel que le Sénat byzantin du IXe siècle. A peine sur le trône, Théophile, tenant pour rien les actes inspirés à son père par un amour tardif, interdit à Euphrosyne de régner à ses côtés. L'éphémère impératrice retourna à ce monastère de Prinkipo, où s'était écoulée sa vie; d'autres disent que ce fut au couvent de Gastria. Le silence se fit de nouveau autour d'elle et la recluse involontaire rentra pour toujours dans l'ombre d'où elle aurait dû ne jamais sortir.

XI

Le grand couvent de femmes de Prinkipo a presque entièrement disparu. On verra plus loin qu'il en subsiste quelques tristes et informes débris, derniers restes des outrages turcs, sur la rive de l'île, en un point appelé *Kamares;* mais ce ne sont guère que quelques pans de murailles. Ce monastère n'en offre pas moins des souvenirs d'un puissant intérêt, plus peut-être qu'aucun autre couvent des Iles. Outre Irène, il a vu passer dans ses cellules bien d'autres femmes de haut rang, déchues du pouvoir. Je n'en citerai qu'une, dont les vices rayonnent d'un sombre éclat dans l'histoire de Byzance, l'impératrice Zoé.

Zoé, Messaline du moyen âge, a rempli du bruit de ses crimes, de ses débauches et de ses passions, le second quart du xie siècle. Peu de femmes ont témoigné d'un mépris plus grand pour la vie humaine, d'une audace plus effrontée à satisfaire d'impérieux besoins de lubricité. Elle était fille de l'empereur Constantin XI, petite-fille de cette impudique et sanglante Théophano, qui avait fait assassiner par son amant, Jean Zimiscès, son second époux Nicéphore Phocas, et lui avait ainsi frayé le chemin du trône et de sa couche adultère. Sa mère était Hélène, fille du patrice Alypius. Elle avait deux sœurs, Eudoxie, qui fut constamment religieuse, et Théodora, qui fut proclamée auguste en même temps qu'elle, leur père étant sans descendance mâle. Quand ce prince, presque septuagénaire, après un règne incessamment agité, qui avait duré à peu près toute sa vie, et pendant lequel il avait été presque constamment relégué au second plan, fut à son lit de mort, il voulut donner un mari à l'une du moins des deux filles qui lui devaient succéder, et manda auprès de lui l'époux de son choix, le patrice Romain Argyre, dit le Hiérosolymitain. Celui-ci était marié à une femme qu'il aimait. L'empereur moribond, le voyant hésiter, cruel jusqu'au dernier jour, lui donna quelques heures pour choisir entre cette nouvelle union ou le supplice de l'aveuglement. Comme Romain ne pouvait se décider, sa femme se sacrifia; elle coupa ses cheveux et courut s'enfermer dans un cloître. Romain, que cet acte sublime rendait libre, épousa avec résignation la femme qu'on lui imposait. Constantin l'avait primitivement destiné à Théodora, la plus jeune, il serait plus juste de dire, la moins âgée de ses deux filles restées dans le monde. Celle-ci passait pour vertueuse et chaste; elle refusa de s'unir à un homme dont la femme était vivante, bien que le patriarche et le *presbyter* du Palais Sacré, sorte d'aumônier de la cour, n'y eussent trouvé aucun empêchement. Zoé, l'aînée des deux sœurs, se montra plus accommodante; les noces furent célébrées sur l'heure et le vieil empereur expira trois jours après.

C'était une singulière épouse qui valait à l'infortuné Romain l'honneur de monter sur le trône impérial, vieille fille âgée de quarante-huit ans, confinée jusque-là dans le gynécée du Palais Sacré, menant cette vie de recluse, sans cesse surveillée par la stricte étiquette de cour et la jalouse présence des eunuques, qui avait irrité jusqu'à l'excès sa virginité inassouvie. Sa passion de l'inconnu, ses ardeurs quinquagénaires lui auraient fait accepter n'importe quel époux. Romain Argyre, malgré ses soixante années, avait du moins noble prestance et fière tournure. Une pareille union fut ce qu'elle devait être, parfaitement malheureuse. Lorsque Argyre, dont l'âge avait glacé le tempérament, après avoir fait effort pour dompter l'aversion que lui inspirait la femme qu'on lui avait imposée, se fut bien convaincu qu'il n'aurait jamais d'héritier, il laissa là Zoé, et ne s'occupa plus que de régner comme il l'enten-

dait, c'est-à-dire en soldat intrépide, bien que
la fortune trahît le plus souvent ses efforts, et en
dévot constructeur d'églises. Zoé, de son côté, se
jura de rattraper le temps perdu et suivit tout
droit ses deux grands penchants, l'ambition du
pouvoir et avant tout la satisfaction de ses ardeurs. Jalouse à l'excès de sa sœur Théodora,
dont la popularité, les vertus et aussi les incessantes intrigues l'inquiétaient, elle réussit à
faire impliquer cette princesse dans je ne sais
quelle conspiration, et à la faire raser et enfermer au monastère de Pétrion, sur la rive de
la Corne-d'Or. Puis elle se choisit pour amant,
un ambitieux de basse naissance, de belle figure
bien qu'affligé d'épilepsie, qui avait réussi
à faire croire à l'impératrice aveuglée qu'elle
lui avait inspiré le plus vif amour. Ce singulier
personnage était changeur de son métier, sous
le coup d'une accusation publique de faux
monnayage, frère d'un eunuque Paphlagonien
nommé Jean, depuis longtemps au service
d'Argyre, et devenu à l'élévation de son maître

grand cubiculaire, préposite et orphanotrophe.

Michel, c'était le nom du nouveau favori, n'ignorait point qu'avec de l'audace on arrivait à tout au Grand Palais. Bientôt sa liaison avec l'impératrice ne fut un secret pour personne; le parvenu eut ses courtisans. L'empereur, mis sur ses gardes, se montra, en vrai mari, résolument sourd à tous les avertissements. Les deux amants décidèrent de se débarrasser de lui ; un toxique à action lente fut administré par Zoé à son époux. Le malheureux tomba rapidement dans un état de marasme effrayant. Livide, respirant à peine, le corps infiltré, il semblait un cadavre; ses cheveux tombèrent, ses dents s'ébranlèrent. Cependant sa vigoureuse nature le soutenait et sa fin était trop lente au gré des conjurés. Le 11 avril 1034, le jour du Jeudi-Saint, comme le pauvre homme prenait un bain, les eunuques qui l'assistaient se jetèrent sur lui et lui enfonçant la tête sous l'eau, l'y maintinrent si longtemps qu'ils l'en retirèrent à demi asphyxié. On le coucha sur un lit, où il resta tout le jour dans un état de syncope. La cour, assemblée tardivement, arriva pour assister à son agonie. Zoé, enfin maîtresse de ses mouvements, ne se donna pas la peine de simuler quelque douleur ; méprisant les avis de ses plus dévoués partisans qui lui conseillaient de patienter, ne fût-ce que pour détourner les soupçons, l'indigne créature fit chercher son amant quelques moments après que l'empereur eut expiré ; on le revêtit du costume impérial, il chaussa les bottines de pourpre ; Zoé, âgée de cinquante-trois ans, s'assit sur un trône à ses côtés, et il fut proclamé empereur. C'était la nuit même du Jeudi au Vendredi-Saint. Restait la cérémonie du mariage. On envoya à la Grande Église quérir le patriarche qui chantait matines pour la solennité du lendemain ; lui, qui ne savait rien, accourut au Palais croyant être mandé par Romain moribond ; il le trouva mort et un autre empereur à sa place. Il comprit plus ou moins et voyant qu'il n'y avait qu'à obéir, s'exécuta sur-le-champ, d'autant que Zoé et Michel lui donnèrent chacun 50 livres d'or. En vingt-quatre heures Zoé avait été veuve et remariée.

Michel IV, dit le Paphlagonien, pour être infiniment inférieur à Romain III, ne fut pas plus heureux en ménage. Zoé non plus ne profita guère de son crime. On écrirait un curieux chapitre de mœurs sur ce règne, un des plus bizarres de l'empire. L'eunuque Jean, qui avait été l'âme de toutes les entreprises contre Romain, caractère énergique et sans scrupules, devint le souverain véritable, gouvernant en lieu et place de son frère. Quant au nouvel empereur, accablé par la terrible maladie dont les crises se répétèrent de plus en plus violentes, ce fut un dévot misérable, un véritable dévot byzantin, partagé entre le remords lâche et tremblant de son crime, et le désir de trouver la guérison au mal qui le torturait dans l'exercice des pratiques religieuses les plus extraordinairement puériles. Il avait voué à saint Démétrius, le grand saint militaire de Salonique, un culte tout spécial et fit à son tombeau en cette ville de fréquents voyages. Il s'abstint bientôt de toutes relations avec l'impératrice, non tant, dit le bon et naïf Lebeau, par répugnance ou remords que par l'avis de ses directeurs spirituels, qui, entre autre mortifications, lui avaient imposé cette pénitence, pour expier le crime de son commerce adultère.

Ce malheureux fanatique courait après les anachorètes déguenillés et les moines mendiants, et les logeait au Palais, les embrassait, leur lavait les pieds, les forçant à s'asseoir sur son trône, à coucher dans le lit impérial, tandis que lui, revêtu de leurs haillons, reposait à terre à leur côté, sur une planche, avec une pierre pour oreiller. Quant à Zoé, chez laquelle les sens semblent avoir parfois troublé la netteté de l'intelligence, elle fut complètement dominée par l'eunuque qui réussit à la tenir strictement en dehors des affaires. En vain la vieille princesse se révolta, en vain elle chercha à faire empoisonner ce fâcheux personnage; elle ne put, pendant les sept ans que son misérable mari vécut, arriver à reconquérir sa liberté, et fut maintenue dans une véritable servitude; chacun de ses mouvements était surveillé; elle ne pouvait aller au bain sans en demander l'autorisation ; on l'avait séparée de ses eunuques et de ses femmes; ceux qui voulaient lui parler devaient en demander la permission au capitaine des gardes imposés à sa personne par le tout-puissant ministre. Puis, quand il fut avéré pour tous que Michel, arrivé au dernier degré de sa longue agonie, tourmenté par une monstrueuse hydropisie et par « l'incessante visite des démons », ne pouvait plus vivre longtemps, et que Zoé allait nécessairement ressaisir le pouvoir, l'eunuque rusé, sentant combien cet événement était pour lui gros de périls, eut encore assez d'influence sur cette femme qu'il fascinait de si étrange manière, pour lui imposer un nouveau sacrifice. Malgré ses résistances, elle dut, sur la demande de Michel mourant, demande dictée par Jean, adopter, suivant la coutume byzantine, un héritier qui n'était autre que le propre neveu

de l'empereur et du ministre, créature dévouée
de ce dernier, le fils de leur sœur Marie. Ce
nouveau personnage qui faisait son entrée sur
la scène impériale, s'appelait Michel du nom de
son oncle ; le peuple le désignait sous le sobriquet de Calaphate, du métier de calfat que son
père Étienne avait exercé sur le port de Constantinople, avant de devenir par le hasard des
circonstances beau-frère de l'empereur et patrice. Zoé, écrasée par le maître qu'elle s'était
inconsciemment donnée, consentit à tout. En
présence du Sénat, de l'empereur agonisant, et
du Palais assemblé, elle dut, assise sur le trône,
dans le saint sanctuaire de la Vierge des Blachernes, procéder au cérémonial solennel de
l'adoption ; elle dut tenir dans ses bras et sur
ses genoux le rival qu'on lui imposait, et déclarer
qu'elle le choisissait pour fils. Il fut sur-le-
champ créé césar par l'empereur et acclamé
par le peuple.

« Par ces deux titres de césar et de fils de l'impératrice légitime, dit Lebeau, titres dont l'un

semblait fixer la fortune, l'autre corriger la nature, l'eunuque Jean se flattait d'avoir solidement établi la grandeur de sa famille; il ne fit qu'en précipiter la ruine[1] ». Peu de jours après cette cérémonie bizarre, le pauvre épileptique, épuisé par cet effort, terrassé par des accès presque incessants qui troublaient sa raison, expira, le 10 décembre 1041, au monastère des saints Anargyres, les saints médecins Côme et Damien, où il s'était fait transporter, après s'être fait raser la tête, sur les conseils d'un caloyer.

Il y avait longtemps du reste, on l'a vu, que Michel menait la vie d'un moine, et qu'il avait banni Zoé de sa couche. On conçoit que ce célibat forcé avait fort déplu à l'impératrice qui s'était en vain révoltée; Michel avait tenu bon, et, lorsque à la nouvelle de son agonie, la vieille princesse, qui paraît vraiment avoir conservé jusqu'à la fin quelque sentiment de tendresse

---

1. D'après le plus grand nombre de chroniqueurs, cette adoption singulière n'aurait eu lieu qu'après la mort de Michel le Paphlagonien.

pour son ancien amant devenu son époux spirituel, traversant la ville à pied et toute en larmes, se présenta haletante au couvent où expirait Michel, elle trouva les portes closes, le moribond refusant de la recevoir. Il passa de vie à trépas dans les mêmes sentiments de piété exaltée et de repentir violent et puéril, après un règne de près de huit années ; quelques minutes avant sa mort, il s'était fait porter dans l'église du monastère, devant l'autel.

La fin de la vie déjà si longue de l'impératrice Zoé est peut-être plus étrange encore. Fidèle aux traditions de la plupart de ses prédécesseurs élevés par le hasard sur le trône de Constantin, le fils du calfat qui, lors de la cérémonie de son adoption, avait juré sur les reliques qu'il respecterait Zoé comme sa mère, n'eut rien de plus pressé que de se débarrasser de tous ceux qui avaient de plus ou moins bon cœur contribué à son élévation. L'eunuque Jean fut exilé. Une foule de hauts personnages, parmi lesquels plusieurs parents de Michel IV, furent expulsés de la capitale ou mutilés. Puis, le nouvel empereur ayant gagné quelques sénateurs, et se voyant bien accueilli par la plèbe dans les processions solennelles qu'il fit à la Grande Église, le dimanche de Pâques et le dimanche suivant, crut pouvoir frapper un coup plus hardi. Zoé, surprise de nuit par les *bravi* au service de son fils adoptif, fut embarquée de force et enfermée au grand monastère de Prinkipo, jadis illustré par le séjour d'Irène. Là, l'impératrice fut rasée en signe de séparation définitive d'avec le monde des vivants. Ce fut avec un suprême désespoir qu'elle dut se voir ainsi transformée. Malheusement, ici comme toujours, les chroniqueurs, peu curieux de ces mille riens de l'histoire qui font les délices des modernes, sont dépourvus de détails intimes sur ces événements bizarres; ils se bornent à une sèche énumération de faits et nous donnent cet unique trait caractéristique que Michel Calaphate se fit apporter les longs cheveux gris de l'impératrice, pour se bien convaincre que ses ordres avaient été exécutés.

Tant de précautions ne servirent de rien à ce triste parvenu. L'eunuque Jean l'Orphanotrophe, il est vrai, ne revint plus au pouvoir; plus tard même il eut les yeux crevés par ordre de Constantin Monomaque; mais il n'en fut point de même de Zoé, et son séjour dans ce couvent de Prinkipo qu'elle devait haïr si fort, fut de courte durée. De même que presque tous les princes débauchés, elle s'était constamment montrée bonne et indulgente pour la foule, et sa popularité s'était maintenue intacte parmi la populace de la capitale qui ne se piquait guère de rigorisme en fait de critique des mœurs impériales. Comme Michel faisait proclamer la sentence d'exil rendue contre l'impératrice, une violente sédition éclata aux cris de « Mort au Calaphate! nous ne voulons pas de l'impur Calaphate; nous voulons obéir à Zoé notre mère, longue vie à Zoé, impératrice légitime! longue vie à Zoé et Théodora augustes! » Le palais fut attaqué par les rebelles, tandis que le patriarche et le Sénat faisaient amener la princesse Théodora du monastère de Petrion où jadis elle avait été reléguée par Zoé et la faisaient conduire dans la Grande Église pour l'y faire couronner.

Michel chercha à apaiser l'émeute, en faisant ramener Zoé de Prinkipo et en la montrant à la foule, couronne en tête. Mais la colère populaire était devenue aveugle ; la révolte avait démesurément grossi ; une lutte terrible s'engagea ; le fils du calfat se défendit avec rage à la tête de sa maison et de sa garde commandée par l'intrépide Catacalon, l'heureux vainqueur des Normands d'Italie. Trois mille insurgés périrent. Après trois jours de massacres, les partisans des princesses l'emportèrent. Michel, laissant Zoé en liberté au Palais Sacré, s'enfuit de grand matin avec son frère, le nobilissime Constantin, au monastère de Stoudion, où ils se firent raser et prirent le froc, espérant échapper à la vengeance de l'impératrice. Celle-ci, toujours indulgente, pourvu qu'on la laissât vivre à sa guise, opinait pour la clémence, mais elle avait dû accepter pour collègue sa sœur Théodora et garder au Palais cette vieille princesse que le peuple chérissait à cause de ses malheurs et qu'il s'obstinait à considérer comme une sainte. L'impériale dévote, aigrie par ce séjour de tant d'années dans la tristesse du cloître, ne résista pas au désir du pouvoir. Pendant que Zoé, des fenêtres du Palais, haranguait le peuple qui demandait le supplice des malheureux, et s'efforçait de calmer sa colère, Théodora dépêcha le préfet de la Ville avec ordre de faire crever les yeux aux deux fugitifs. La foule se rua sur les pas du messager et arriva avec lui au couvent de Stoudion. On arracha Michel et son frère du sanctuaire de l'église où ils s'étaient cachés. On les traîna par les rues en leur faisant subir mille outrages, jusqu'à une place publique où ils furent attachés chacun à un poteau ; après quoi la terrible sentence fut exécutée. Puis ils furent enfermés dans des monastères. Le fils adoptif de Zoé avait régné un peu plus d'un an.

Alors commença ce gouvernement extraordinaire de deux vieilles femmes, l'une déjà deux fois veuve, bien qu'elle se fût mariée pour la première fois presque au déclin de la vie; l'autre, l'aînée, vieille fille presque septuagénaire dont l'existence s'était consommée tout entière dans les cloîtres; l'une, livrée à toutes les débauches, familiarisée avec tous les crimes, l'autre plus chaste, mais qui avait puisé dans les exercices de son existence claustrale tous les préjugés, toutes les faiblesses d'une dévotion exagérée. Et cependant, chose presque incroyable, les chroniqueurs s'accordent à dire que les quelques mois pendant lesquels les deux sœurs gouvernèrent seules l'empire, furent des mois de paix et de félicité relative; leur administration fut sage et juste; ce fut, semble-t-il, pour le peuple comme un court âge d'or intercalé entre tant de misères. Les finances furent rétablies, la justice rendue exactement, les audiences accordées à tous indistinctement par les princesses, siégeant côte à côte au milieu de leurs gardes sur des trônes dressés dans la grande salle dorée du Palais.

Tout cela était trop beau pour durer. L'ardente Zoé, défiant les glaces de ses soixante et quelques printemps, songea à reprendre un nouvel époux. Cette créature étrange qui semblait vouloir donner un démenti à la nature, jeta d'abord les yeux sur Constantin Dalassène, personnage illustre, depuis huit ans prisonnier d'État pour cause de conspiration prétendue. Mais, à la suite d'un premier entretien, elle vit qu'elle aurait affaire à une nature droite et incapable de compromis honteux. Aussi renvoya-t-elle bien vite Dalassène à son cachot pour se retourner vers le groupe de ses anciens amants qui étaient nombreux. Elle distingua parmi eux un autre Constantin, chambellan et catépan, surnommé à cause de ses fonctions spéciales au Palais, *Artocline* ou le coupeur de pain, et qu'elle avait fort aimé au début déjà lointain de sa tardive jeunesse. Malheureusement le favori s'était marié depuis, et sa femme, moins accommodante que ne l'avait été jadis celle de Romain Argyre, mit fin à une situation embarrassante en empoisonnant son époux. Alors Zoé déconcertée, mais point découragée, jeta son dévolu sur un troisième candidat, porteur du même nom que ses deux devanciers. Constantin Monomaque avait, lui aussi, été l'amant de l'impératrice, prédécesseur immédiat dans les faveurs de Zoé de Michel le Paphlagonien ; il avait depuis vécu longtemps dans un dur exil à Mételin. Zoé le fit d'abord nommer dicaste du riche thème de la Hellade, puis le rappela presque aussitôt et l'épousa malgré l'Église qui considérait les troisièmes noces comme incestueuses. Le 12 juin 1042, le patriarche Alexis posa, dans la Grande Église, la couronne sur le front du nouvel autocrator. Théodora, ainsi reléguée au second plan, perdit toute autorité et ne conserva que le vain titre d'Augusta.

On a vu que le séjour de Zoé à Prinkipo fut de courte durée, et bien que son nom célèbre ne puisse être passé sous silence dans cette énumération de tant de tragiques ou de coupables recluses, cette grande pécheresse couronnée n'appartient que de loin à mon récit, puisque l'on ne possède aucun détail sur ces quelques mois passés par elle au couvent des Iles. Toutes les bizarreries de ces règnes extraordinaires, règnes en général ignorés même du public qui lit, m'ont entraîné fort loin. Je terminerai brièvement le récit de cette longue vie, remettant à une autre fois l'histoire détaillée de cette époque inouïe où l'on vit la vieille Zoé profaner plus que jamais ses cheveux blancs et partager avec la fameuse concubine Sclérène le trône et les amours de Constantin Monomaque. Je ne raconterai point ici ce spectacle sans précédent, qui étonna jusqu'aux Byzantins accoutumés à tous les scandales, de deux femmes d'un âge si différent acceptant cette association incroyable, cet impérial ménage à trois qui serait grotesque s'il n'était presque rendu tragique par la situation et les passions farouches des acteurs principaux. On rendait à ces deux femmes, la vieille épouse légitime et la belle et jeune maîtresse, les mêmes honneurs ; mais souvent la populace injuriait Sclérène ; elles accompagnaient l'empereur lorsqu'il paraissait en public, l'une à sa droite, l'autre à sa gauche ; leurs appartements n'étaient séparés que par celui de Monomaque ; la foule disait que, par une sorte d'accord secret, ces deux femmes étaient convenues de posséder le prince en commun et comme par individis ; chacune n'entrait chez l'empereur qu'après s'être assurée que sa rivale n'y était point.

Cette admirable union fut rompue par la mort de Sclérène. Zoé lui survécut deux ans. Elle mourut en 1050, âgée de soixante-et-onze ans. Jusqu'à sa dernière heure, elle vécut pour le plaisir, ne prêtant qu'une oreille distraite à toutes les calamités qui ont rendu tristement célèbre le règne de son dernier époux ; voyant sans s'émouvoir s'accomplir définitivement le grand schisme de l'Église d'Orient, les guerres incessantes et presque toujours malheureuses contre les Serbes, les Arméniens, les Turcs ; les terribles invasions des Russes de Vladimir, les incessantes incursions des Petchenègues, la sanglante révolte de Léon Tornice. Jusqu'à sa fin, elle réussit à inspirer de l'amour à son dernier et sénile époux. Lui, qui n'avait pas donné une larme à ses légionnaires massacrés par milliers par les Russes et les Petchenègues, pleura amèrement la mort de cette femme qui déshonorait le trône depuis tantôt vingt-deux ans. On dit qu'il osa la mettre au nombre des saintes et ses détracteurs ont affirmé plus ou moins plaisamment, que le vieil insensé prenait pour autant de miracles les champignons qui poussaient à l'entour de la tombe de l'impératrice. Il chercha cependant à se consoler en prenant pour maîtresse une jeune princesse du Caucase, fille d'un roi d'Alanie, qui vivait comme otage à sa cour; il la fit nommer auguste, mais n'osa l'épouser de peur de sa belle-sœur, Théodora, seule maintenant à partager la couronne avec lui. Épuisé par les infirmités, il mourut, le 11 janvier de l'année 1055, cinq ans après Zoé, et fut enterré au cloître de Saint-Georges de Manganes, non loin du pont de la Valideh-Sultane.

On vit alors le trône de Byzance aux mains

d'une vierge presque octogénaire qui demeurait seule à tenir cette couronne dont elle n'avait pas voulu bien des années auparavant. Le monde fut étonné de ce spectacle, mais Constantinople et l'empire s'en trouvèrent bien et pleurèrent Théodora, car son règne trop court fut prospère et presque glorieux ! « Cette femme, dit Lebeau, qui avait éprouvé dans sa longue existence, les vicissitudes les plus inouïes, destinée d'abord à l'empire, puis chassée du palais, victime constante des jalousies de sa sœur, jouet perpétuel de ses caprices, exilée, religieuse, impératrice, replongée au bout de trois mois dans l'obscurité, qui remonta sur le trône à soixante-seize ans, encore aussi vigoureuse et lucide que bien des jeunes femmes, se fit aimer de ses peuples, et gouverna habilement et énergiquement à l'aide de quatre eunuques qu'elle s'était choisie pour ministres ». Lorsqu'elle mourut, le 22 août 1056, à l'âge de soixante-dix-huit ans, tous regrettèrent ces quelques mois de paix et de prospérité.

XII

Anne Dalassène, « la mère des Comnènes », nom sous lequel cette princesse est surtout connue dans l'histoire, femme d'un esprit puissamment viril, et qui fut le principal instrument de la grandeur de sa maison, clôt la liste des plus notables victimes de la politique byzantine qui ont fait aux couvents de Prinkipo un séjour plus ou moins long, mais toujours forcé. Je serai bref sur le compte de cette femme d'élite qui, plus qu'aucune autre, mériterait une place à part dans une étude de ce genre. Anne ou Anna Dalassène était veuve du curopalate Jean Comnène, qui avait refusé la couronne, lors de l'abdication de son frère l'empereur Isaac Ier, en novembre

1059. Déjà, à cette époque, l'ambitieuse curopalatissa, qui avait rang de patricienne à ceinture, voyant son beau-frère sans postérité mâle, ne pouvant se résoudre à renoncer à l'avenir doré qu'elle rêvait pour ses fils, avait joint ses supplications à celles d'Isaac pour vaincre les irrésolutions de son timide époux. Elle avait dû se résigner à voir monter sur le trône sacré, le proèdre Constantin Ducas, dont l'élévation semblait devoir écarter à jamais de l'empire ses fils à elle. Ils étaient cinq : Manuel, Isaac, Alexis, Adrien et Nicéphore. Plus tard, leur père étant mort, Constantin Ducas également, et la cour se trouvant profondément troublée par les luttes d'influence du césar Jean et de Romain Diogène, le nouvel époux de l'impératrice Eudoxie, régent pour le jeune Michel Ducas, Anne Dalassène se reprit à espérer. Ses fils, incessamment soutenus par elle, prirent une part active et vaillante à tous les événements de l'époque. Manuel, l'aîné, prince doux et brave, créé par Diogène curopalate et chef de l'armée opérant contre les Turcs en Cappadoce, livra d'abord des combats heureux ; mais, victime de jalousies de cour, il vit ses troupes amoindries, succomba sous le nombre et devint le prisonnier d'un capitaine persan. Avec une diplomatie consommée, il réussit à exciter les prétentions au trône de Perse de son propre vainqueur, se fit rendre la liberté par lui, l'emmena à Constantinople et le présenta à l'empereur, qui le prit à son service.

Bientôt Manuel reçut un nouveau commandement pour accompagner Romain Diogène dans cette expédition dernière qui devait se terminer d'une façon si tragique pour le malheureux régent ; mais le jeune prince était à peine arrivé en Bithynie qu'il tomba gravement malade. Sa mère, accourue de Constantinople, put recevoir le dernier soupir du brillant stratège, espoir de sa maison. Maîtrisant son chagrin, elle ne souffrit point que le nom des Comnènes cessât de demeurer familier aux oreilles des soldats. Son troisième fils, Alexis, avait alors vingt-deux ans ; elle le fit incontinent partir pour l'armée.

Dans la lutte entre le parti de Romain Diogène et celui de la Cour dirigé par le césar Jean Ducas, lutte qui se termina par l'horrible supplice du premier, les Comnènes se tinrent à l'écart sans prendre parti. Mal leur en prit, car leur jeunesse même ne parvint pas à désarmer la jalousie du césar. Il redoutait surtout leur mère, l'influence de sa grande position et son intrépidité à toute épreuve. Un délateur fabriqua des lettres adressées par la princesse à Romain Diogène. Citée devant la haute cour de l'empire, Anne Comnène Dalassène étonna les juges par son sang-froid. Comme on l'interrogeait brutalement, elle sortit de dessous son manteau de veuve le lourd crucifix qu'elle portait constamment sur elle, et le brandissant d'un mouvement superbe, en face du tribunal effaré : « Vous êtes mes juges, s'écria-t-elle, voici le vôtre, autrement clairvoyant que vous tous ! Voyez à rendre à mon égard une sentence dont vous puissiez rendre compte un jour devant le souverain dispensateur de toute justice ! » Cette sortie oratoire qui de nos jours risquerait fort de manquer son effet produisit un trouble profond. Quelques juges, plus hardis ou plus scrupuleux, refusèrent de condamner l'accusée et osèrent se retirer. Les autres, vendus au césar, craignant cependant de livrer une innocente à la peine capitale, s'en tirèrent par une lâcheté. Anne fut, comme tant d'autres avant elle, expédiée au grand monastère de Prinkipo où elle fut rasée et dut prendre le voile. Ses fils n'eurent eux-mêmes d'autre ressource que de revêtir l'habit religieux. Cette première éclipse fut, du reste, de courte durée, et l'impétueuse Anne Dalassène n'eut pas long-temps à fouler d'un pied impatient les dalles de ces couloirs monastiques où elle dut tant mûrir de plans nouveaux. Sur les conseils de l'eunuque Jean, métropolitain de Side, protosyncelle et ministre d'État, l'indolent Michel VII, demeuré seul maître de l'empire par la mort de son beau-père et la retraite forcée de sa mère Eudoxie, rappela à la cour cette famille puissante et fit épouser à Isaac, l'aîné des princes survivants, Irène, cousine de sa femme l'impératrice Marie d'Alanie. De ce moment date vraiment la fortune dès lors toujours grandissante de cette illustre maison des Comnènes. Sans cesse poussés par leur mère, les fils du curopalate ne négligèrent plus une occasion de se mêler à tous les événements du règne, de se rendre avant tout populaires.

Lorsque en 1073, les Turcs, sous la conduite de leur grand sultan Alp-Arslan, menacèrent de conquérir l'Asie-Mineure, Isaac Comnène fut nommé protostratège de tous les contingents des thèmes Orientaux. Avec lui partirent son frère Alexis et le fameux capitaine normand Roussel, à la tête de quatre cents de ses compatriotes, aventuriers redoutables, vrais lansquenets du xe siècle. A la suite d'un conflit d'autorité, Roussel déserta vite l'armée impériale et alla prendre ses cantonnements en Arménie, dans l'antique Sébaste, la Siwas d'aujourd'hui. Isaac se préparait à le faire attaquer par son frère Alexis, lorsqu'on annonça l'approche de l'armée turque ; il fallut soutenir ce choc avec des forces diminuées et ébranlées. Les deux frères, dont les troupes se débandèrent bientôt, se défendirent héroïquement à la tête de leur maison. Mais Isaac eut son cheval tué sous lui et dut se rendre. Alexis s'échappa avec cinq compagnons, après des aventures inouïes, frayant son chemin, disent les chroniqueurs, comme un lion furieux à travers les masses infidèles. Arrivé au camp, il chercha vainement à relever l'énergie des troupes de réserve, qui, affolées, se sauvèrent dans la nuit. Lui-même dut recommencer sa fuite extraordinaire; serré de près, il galopa seul à travers les sombres halliers des monts Didymes et parvint dans un village perdu, mourant de faim et de soif, couvert de sang. Après trois jours de repos, il gagna Ancyre et là seulement apprit le sort de son aîné. Il courut à Constantinople, recueillit à la hâte l'argent nécessaire pour la rançon de ce frère adoré, embrassa sa mère, et de retour à Ancyre, eut la joyeuse surprise de retrouver Isaac, déjà racheté par la noblesse de Cappadoce liée aux Comnènes par des liens d'amitié.

Les deux frères reprirent le chemin de la capitale à la tête de soixante cavaliers Alains et Géorgiens. Un soir, non loin de Nicomédie, comme ils avaient établi leurs quartiers dans une villa isolée, ils furent cernés par un parti de deux cents Sarrasins. La petite troupe, un moment ébranlée, reprit courage à la voix des Comnènes. On résolut de forcer le passage. Pendant que quelques soldats, montés sur les toits, occupaient l'attention des Sarrasins en les couvrant de traits, le gros des assiégés, Isaac et Alexis en tête, ouvrant toutes les issues, frappant à droite et à gauche, lancèrent leurs chevaux sur la route de Nicomédie. La chasse furieuse commença; elle dura la nuit tout entière et une partie du jour suivant, entremêlée de rudes coups d'épée, et ne cessa qu'à l'entrée d'un défilé qui permit aux Byzantins de se dérober. D'enthousiastes chroniqueurs affirment que les deux frères ramenèrent leur escorte intacte. Précédés par la renommée de cette audacieuse chevauchée à travers l'Asie, ils firent dans Byzance une entrée triomphale. La faveur populaire s'attachait de plus en plus à eux ; idoles de la foule, ils furent accueillis par des acclamations extraordinaires et traversèrent lentement l'immense capitale pour aller saluer leur mère. Anne Dalassène dut, en ce beau jour, sentir à nouveau tressaillir en elle tant d'espoirs triomphants si longtemps comprimés.

Les deux frères ne prirent d'abord aucune part à la répression de cette fameuse révolte de Roussel, qui constitue bien un des plus poignants épisodes de l'étrange épopée des mercenaires francs au service de Byzance. Un instant même la croissante fortune des Comnènes subit un temps d'arrêt par le retour d'exil du césar Jean Ducas; mais on sait comment ce personnage, jusque-là fort habile, ayant été chargé d'arrêter Roussel, se fit battre et prendre par lui, eut la sottise de se laisser proclamer empereur par le hardi partisan, et finit par tomber avec lui aux mains d'un prince turc, au moment où tous deux allaient marcher sur la capitale. Le césar, livré par son vainqueur au parti de la Cour, dut se résigner à aller « philosopher avec les moines », tandis que son protecteur improvisé, qui avait réussi à se racheter, recommençait à tailler en pièces les armées impériales. La Cour déconcertée ne savait à quel capitaine se vouer, et comme les soldats demandaient à grands cris Alexis Comnène, on finit par le nommer généralissime malgré les répugnances du Palais. Le terrible Normand avait trouvé son maître. Alexis, aussi courageux que rusé, un des types les plus éclatants de sa race avec toutes ses qualités et tous ses défauts, manœuvra à merveille. Il tint tête aux efforts désespérés de Roussel, et, comme celui-ci avait fait alliance avec les Turcs, il parvint à les gagner et se fit livrer par eux le malheureux soldat qu'on lui amena pieds et poings liés à Amasia. Il revint à Constantinople par la Mer Noire, suivi de son prisonnier enchaîné. Roussel, cruellement fustigé à coups de nerf de bœuf, fut jeté nu dans un cachot privé de toute lumière, où il serait mort de faim sans les secours que lui faisait passer secrètement Alexis.

C'était toujours auprès de leur mère que les Comnènes venaient puiser leurs inspirations. Tandis qu'Alexis sauvait l'État, Isaac avait été fait duc d'Antioche, la plus haute charge militaire de l'empire en Asie ; il avait été spécialement désigné pour apaiser les séditions qui éclataient à tout propos dans la riche métropole syrienne. Attaqué par les révoltés, il dut un moment se retrancher dans la citadelle, et, vainqueur, étouffa l'émeute dans des flots de sang. Puis, de concert avec son beau-frère, Constantin Diogène, mari de sa sœur Théodora, il marcha contre une armée turque qui avait envahi la Syrie. Il semblait que la fortune ne s'acharnât à élever les Comnènes que pour les abaisser aussitôt et leur enseigner par des coups répétés combien est ardue la route qui mène au Capitole. Les Byzantins furent mis en déroute. Isaac fut pris et Constantin tué. Antioche dut racheter son duc au prix de vingt mille pièces d'or.

Cependant, tandis que les Comnènes défendaient vaillamment l'empire croulant de toutes parts, l'indolent Michel, environné d'eunuques, s'occupait de composer des iambes sur des sujets sacrés. Lors de la terrible révolte de Nicéphore Bryenne, ce fut encore Alexis, nommé à cette occasion nobilissime et grand domestique des forces d'Occident, qui fut avec Constantin, frère de l'empereur, chargé de la défense de Constantinople. Ils tirèrent de prison Roussel, et à eux trois, enrôlant à la hâte leurs gens, des mercenaires, tout ce qui leur tomba sous la main, ils repoussèrent l'assaut de l'ennemi, à la tête de ces troupes improvisées, des Varègues normands et des contingents du thème de Macédoine. Ce fut à cette occasion qu'Alexis vainqueur obtint enfin du basileus l'autorisation de conclure une alliance brillante qu'il souhaitait depuis longtemps; veuf d'un premier lit, il aimait Irène, l'aînée des trois filles du césar Jean Ducas, cousine germaine par conséquent de l'empereur, princesse belle et sage. Ce mariage mettait le comble à la fortune de la maison, et si Isaac se trouvait par sa femme parent de l'impératrice, Alexis devenait par la sienne parent de l'empereur à un égal degré. Il semblerait que la mère des Comnènes, voyant graduellement ses vœux se réaliser, eût dû applaudir à cette union. Il n'en fut rien. Les sentiments les plus violents se livraient incessamment combat dans l'âme singulièrement trempée de cette virile créature; elle était aussi fière que jalouse et vindicative, ne pouvant en ce cas particulier pardonner au césar Jean et à sa famille l'injuste et dur exil dont elle et les siens avaient jadis été les victimes. De son côté, l'empereur avait longtemps résisté, ne se résignant point à autoriser un mariage qui devait grandir encore le prestige des Comnènes. L'habileté d'une femme vint à bout de tant d'obstacles. L'épouse d'Andronic Ducas, fils du césar, petite-fille elle-même de Samuel, roi des Bulgares, prit en main les intérêts de sa jeune belle-sœur; elle pacifia l'humeur altière d'Anne Dalassène, calma les soupçons maladifs de Michel VII, paralysa toutes les cabales, si bien qu'Alexis Comnène épousa la belle Irène Ducas.

Quelques semaines avant la prise d'armes de Nicéphore Bryenne, le prétendant d'Europe, un autre prétendant, Nicéphore Botaniate, lui aussi général fameux, avait soulevé les troupes des thèmes asiatiques et s'était fait proclamer le 2 juillet 1077. Un moment le sort hésita entre Bryenne et Botaniate ; ce fut Bryenne qui perdit la partie ; Nicéphore Botaniate, le moins digne du trône, le distança vite. Le souverain régnant, l'incapable Michel, celui auquel la rapacité de ses ministres avait valu le sanglant sobriquet du Parapinace, dut se faire moine au monastère de Stoudion pendant que Nicéphore, descendant de l'illustre famille des Phocas, ducs d'Occident, faisait à Byzance une entrée triomphale et recevait la couronne aux applaudissements de la foule la plus mobile qui fut jamais.

Cependant Bryenne, bien que repoussé au second plan, demeurait menaçant. Après quelques négociations, ce fut encore Alexis que le parvenu victorieux chargea d'en finir avec ce péril formidable pour sa jeune royauté.

Alexis, qui, dès les premiers jours, avait fait adhésion au nouveau gouvernement, et que Nicéphore avait en récompense solennellement adopté, marcha contre Bryenne. A la tête de mercenaires de toutes nations, de Varègues normands, de Turcs du Taurus que jamais encore aucun empereur n'avait pu décider à passer en Europe, du corps des Immortels et de contingents crétois, le fils d'Anne Dalassène atteignit son adversaire à Calavrya, sur les bords de l'Almyros, aux environs de Mésène. Bryenne était de beaucoup le plus fort et le mieux préparé; toutes les forces des thèmes occidentaux marchaient sous ses ordres; il avait avec lui des cavaliers thessaliens, légers comme l'éclair, d'autres corps de cavalerie armés de lourdes cuirasses, des fantassins de Thrace et de Macédoine pesamment armés. Mais les Turcs avec leurs allures sauvages, leurs cris de guerre, jetèrent l'épouvante dans le camp du prétendant. Ses barbares auxiliaires Petchenègues, un moment victorieux de Catacalon, le meilleur lieutenant de Comnène, se débandèrent pour piller et faire des prisonniers. Alors c'en fut fait de Bryenne. L'infortuné capitaine, qui eût mérité par ses hautes capacités un sort meilleur, réunissant ses dernières troupes, voulut forcer le centre des impériaux ; il livra plusieurs assauts furieux, mais un renfort de cavaliers turcs que reçut Alexis mit fin au combat. Bryenne, que distinguait sa haute stature, tomba aux mains d'un de ces barbares qui, bondissant sur la croupe de son cheval, lui maintint les deux bras pendant que d'autres l'accablaient. On le conduisit avec son fils à la tente d'Alexis qui expédia à Byzance les ornements impériaux du vaincu : la couronne, le sceptre, le manteau et les brodequins fameux.

Fidèle à sa générosité accoutumée, Comnène laissa Bryenne libre sur parole ; telle était sa confiance que dans leur marche vers la capitale, ils cheminèrent tous deux côte à côte, souvent fort loin de l'armée, presque toujours sans gardes. Bryenne raconta plus tard qu'Alexis, fatigué, descendit un jour de cheval, et, quittant son épée, s'endormit profondément. Son prisonnier fut violemment tenté de saisir cette occasion de le tuer et de s'évader; il en fut retenu par un sentiment généreux qui lui fait honneur.

Nicéphore, esprit bas, était déjà jaloux de son glorieux lieutenant. Aux portes de Byzance, au lieu du triomphe qui lui était dû, Comnène reçut avec des titres et des dignités nouvelles, l'ordre d'aller combattre encore un prétendant, le protoproèdre Basilace, duc impérial à Épidamnos. Celui-ci s'était soulevé à la tête de mercenaires normands, italiens, illyriens, bulgares, albanais, petchenègues et rouméliotes, et s'était emparé de Dyrrachium, le Durazzo de nos jours. Quant à Bryenne, le cruel Nicéphore Botaniate lui fit crever les yeux ainsi qu'à son fils.

Sur le fleuve Vardar, l'ancien Axius de Thrace, non loin de Salonique, en pleine nuit, les armées de Basilace et de Comnène en vinrent aux mains. Les deux chefs prirent part à la mêlée. Basilace, complètement battu, se réfugia dans la citadelle de Salonique. Il dut se rendre et, comme de juste, il eut les yeux crevés. Alexis, déjà comblé de dignités, fut encore créé sébaste, titre qui n'avait été jusque-là porté que par des membres de la famille régnante. L'heureux général, véritable défenseur du trône, vainqueur de deux grandes armées conduites par deux des premiers capitaines de l'empire, fit dans la Ville gardée de Dieu une entrée triomphale.

Sur ces entrefaites, Isaac, le second des Comnènes, était revenu de son commandement d'Antioche ; Botaniate l'accabla d'honneurs, lui donna des fiefs considérables, le créa également sébaste ; il vécut au Grand Palais, devint le conseiller intime de l'empereur, et se rendit indispensable. Les deux frères remplissaient l'empire de leur gloire. Le moment favorable semblait venu ; le peuple de la capitale et celui des provinces, excédés par ces incessantes révolutions des dernières années, par ces prétendants toujours nouveaux, gémissaient, accablés sous les exactions d'une immense bureaucratie cupide et mesquine, pieuvre gigantesque qui épuisait l'empire, et qui, elle, survivait sans changement aucun, à tant d'empereurs éphémères. De toutes parts on réclamait une dynastie, une famille illustre, compacte et puissante, capable d'en imposer aux partis, de gouverner fortement en s'appuyant sur la noblesse qu'on en était venu à préférer à la basse et tyrannique oligarchie des fonctionnaires et des gens de bureau. Tous les suffrages désignaient les Comnènes. Nulle famille n'était plus en vue, nulle n'était mieux désignée pour ce rôle périlleux de restaurateur de l'empire. Le cœur d'Anne Dalassène battait fortement ; encore quelques épreuves et la vieille patricienne allait voir s'établir la gloire immortelle de ceux qu'elle avait engendrés.

Le grand domestique d'Occident était tout naturellement devenu un objet de haine pour l'entourage immédiat de l'empereur. Rendu suspect à Nicéphore, il fut menacé d'exil; on parla de lui faire crever les yeux; on le chargea à nouveau d'une expédition lointaine dans l'espoir qu'il périrait. Seule, l'impératrice Marie lui resta fidèle, et le tint au courant des intrigues qui le menaçaient.

Les révoltes se succédaient avec une désespérante monotonie. Il n'y avait pas deux ans que Nicéphore le Botaniate avait renversé Michel, et déjà Bryenne, Basilace, Constantin Ducas avaient cherché à le chasser du trône. Maintenant c'était le tour de Nicéphore Mélissène, plus redoutable qu'eux tous. Celui-là intéressait fort les Comnènes; il était leur proche parent, mari de leur sœur Eudoxie; il avait longtemps vécu sur ses grands fiefs de l'île de Cos d'où il s'était mis en relations avec les émirs turcs de la côte de Carie; il leur avait livré des villes, et s'était fait proclamer basileus; appuyé sur ses nouveaux alliés, il avait conquis l'Asie-Mineure presque entière, la Phrygie, la Galatie, et s'était avancé jusqu'à

Nicée. Le péril était grand ; Nicéphore, trop vieux pour combattre, se repentit d'avoir éloigné Alexis Comnène, le fléau officiel des prétendants. Il le rappela, lui ordonnant d'aller prendre à Chalcédoine le commandement des contingents impériaux. Mais la patience d'Alexis était à bout. Persuadé qu'au moindre revers on l'accuserait d'intelligence avec son beau-frère, il refusa de prendre la direction des opérations, et Mélissène continua à partager impunément avec les dynastes Turcs la souveraineté de l'Anatolie.

Cependant au Palais les intrigues continuaient de plus belle contre les Comnènes. Depuis longtemps, on l'a vu, les deux frères avaient mis dans leur parti l'impératrice Marie, parente par alliance d'Isaac. Cette princesse avait même solennellement adopté Alexis, espérant ainsi donner un puissant appui au fils unique qu'elle avait eu de son premier mari, l'empereur Michel VII. D'autre part, Nicéphore Botaniate, excité par le parti contraire, songeait à désigner pour son successeur, son propre neveu Synadène. C'était au commencement de l'année 1081. L'impératrice, liée aux Comnènes par un traité secret, les avertit vers le milieu de février que leur perte était définitivement jurée et que leur mort dans un guet-apens était fixée au jour suivant. Aussitôt ils se disposèrent à quitter la capitale avec leurs partisans pour aller se concentrer à Tzouroulon de Thrace.

C'était dans la nuit du dimanche de la Quinquagésime, qui tombait cette année le 15 février. Les fugitifs sortirent secrètement par la porte des Blachernes, à l'extrémité de Byzance sur la Corne-d'Or; ils refermèrent les lourds battants de bois doublés de fer après avoir brisé les clefs, et s'emparant des chevaux des écuries impériales situées tout auprès, ils assurèrent leur fuite en coupant les jarrets à tous ceux de ces animaux dont il n'avaient pas besoin. Avec les deux frères, s'échappèrent l'Arménien Bacouran, le fameux aventurier Humbertopoule, neveu de Robert Guiscard, Georges Paléologue enfin, un des plus populaires parmi les chefs impériaux. La fuite avait été trop prompte pour qu'on pût emmener les femmes. Anne Dalassène, ses filles, ses belles-filles, les femmes des autres conjurés, coururent se mettre à l'abri dans l'inviolable Sainte-Sophie ; elles n'en sortirent que lorsque Nicéphore leur eut solennellement promis la vie sauve, et, par extraordinaire, le fourbe tint cette fois parole ; il se contenta d'enfermer les princesses au monastère de Pétrion ou de Pétra, des religieux de Saint-Jean-Prodrôme, non loin de la porte encore debout aujourd'hui qui a conservé ce vieux nom de *Petri Kapoussi*. Les empereurs, dit Codinus, avaient coutume de se rendre en grande pompe deux fois l'an à ce couvent, le jour de la naissance du Précurseur et le jour de sa mort. L'illustre Anne Comnène, de savante mémoire, y consacra, en souvenir de la captivité de son aïeule, la main même du Précurseur, conservée dans un reliquaire doré dont le couvercle portait des iambes composés par elle. Après la conquête turque, Mohammed II fit don de ce couvent à son célèbre conseiller, son beau-frère le grand vizir Mahmoud Pacha, dit Michaloglou, en l'honneur de la mère de celui-ci qui était chrétienne. Il ne reste plus trace de cet édifice fameux dans l'histoire de Byzance.

C'était la seconde fois qu'Anne Dalassène avait un couvent pour prison ; cette fois les circonstances étaient véritablement tragiques; sa vie et celle de tous les siens étaient engagées dans une aventureuse entreprise. La délivrance fut prompte. Tout le parti de la noblesse, las du misérable gouvernement du Botaniate, affluait à Tzouroulon. Le césar Jean Ducas lui-même alla rejoindre les Comnènes, avec de l'argent et des mercenaires turcs et hongrois. Il fit décider une marche immédiate sur la capitale. Toute la population accourait sur le passage d'Alexis, le saluant du titre d'autocrator. A Schiza, à quelques heures de Constantinople, on délibéra sur le choix d'un nouvel empereur. Les seuls droits légitimes étaient ceux de l'enfant de Michel Ducas Parapinace et de l'impératrice Marie, mais la soif d'un chef viril, d'un gouvernement fort qui pût créer une dynastie, était telle qu'on passa outre. On voulait un Comnène. Isaac généreusement parla en faveur d'Alexis, plus jeune et plus brillant; il insista sur les triomphes militaires de son frère, sur son alliance avec la famille des Ducas. Bref, toute résistance échoua, et Isaac revêtant de ses propres mains son frère des insignes impériaux, le fit sortir de sa tente; ils traversèrent le camp aux acclamations formidables des troupes. Les Ducas, leurs parents, leurs amis, toute l'armée, saluèrent le nouvel empereur.

On apprit presque en même temps que Mélissène, attiré par les événements, s'était avancé avec son armée et ses alliés turcs jusqu'au promontoire de Damalis, en face de la capitale. Ses envoyés offrirent à Alexis, alliance contre Botaniate et partage de l'empire. Le rusé Comnène, qui, moins de vingt ans plus tard, devait si bien se jouer des princes croisés, différa sa réponse.

Il voulait d'abord tenir Constantinople. Il vint camper lui aussi aux portes de la Ville, sur les hauteurs qui dominent la Corne-d'Or. Botaniate, découragé entre ces deux rivaux, ne songea plus qu'à abdiquer. La garnison se défendait mollement. Alexis profita de ces faiblesses. La porte Charsienne, une des principales de la grande muraille du côté de terre, était gardée par des Germains dont le chef s'appelait Hildebrand; une lettre attachée à une flèche lui parvint. Le 31 mai, vers le soir, toutes les forces des Comnènes se rapprochèrent de ce point de la muraille et firent mine de se retrancher comme pour un long siège. La nuit venue, Georges Paléologue se présenta à la porte Charsienne qu'Hildebrand lui livra; toute l'armée se précipita dans les rues comme un flot roulant; c'était à l'aube du jeudi-saint. Constantinople se réveilla ville conquise, et s'il n'y eut guère effusion de sang, il y eut pillage horrible, même des églises; des trésors innombrables tombèrent aux mains des soudards étrangers à la solde des Comnènes. L'avidité au butin fut telle que les deux frères, laissés presque seuls sur la place du Taureau, eussent certainement été massacrés si Botaniate les eût chargés à la tête de sa maison. Le malheureux hésitait. Un moment il songea à adopter Mélissène et lui fit offrir de partager la couronne. Mais déjà George Paléologue avait occupé la Corne-d'Or et le Port, et s'apprêtait à faire proclamer Alexis par la flotte. Sur sa route, il s'empara du grand écuyer impérial qui s'en allait porter à Mélissène les offres de Botaniate et le fit attacher au grand mât de son navire.

Quelques galères s'ébranlaient pour aller rejoindre Mélissène ; Paléologue les soulève en faveur d'Alexis, fait enchaîner le grand drongaire et ses principaux officiers et prend le commandement. Un moment encore, son propre père, Nicéphore Paléologue, demeuré le plus chaud partisan de Botaniate, faillit tout compromettre en excitant l'empereur irrésolu à se mettre à la tête des Varègues et à tomber sur tous ces vainqueurs dispersés, plus occupés à piller qu'à assurer leur victoire. Mais Botaniate n'eut pas ce courage suprême.

Cependant les Comnènes, chez lesquels le succès n'avait pas étouffé la voix du cœur, voulaient tout d'abord courir au Pétrion et mettre en sûreté leur mère et ses filles. Le césar Jean, se riant de leur faiblesse, leur rappela qu'ils ne seraient vraiment les maîtres de l'Empire, que lorsqu'ils seraient au Palais impérial. Ils y coururent. En route, on rencontra Nicéphore Paléologue porteur de propositions nouvelles. On répondit en sommant Botaniate d'abdiquer. En vain le premier ministre, le slave Boril, rassemblant à la hâte les Varègues et les Chomatènes, les montra à l'empereur, décidés à périr pour sa cause; Botaniate, cédant aux instances pacifiques du patriarche, résolut d'en finir. Cachant sous les plis d'un vaste manteau son costume impérial, il courut au sanctuaire de Sainte-Sophie. Boril, indigné de sa faiblesse, le rejoignit en chemin et, voyant briller sous ce vêtement d'emprunt les joyaux officiels, le brutal ministre les arracha violemment, criant à son maître résigné que ce n'était point là la parure qui convenait à un empereur dépouillé.

Tandis qu'au milieu de la plus immense confusion, les partisans des Comnènes proclamaient Alexis au Palais, quelques amis dévoués, trouvant Botaniate trop voisin de ce grand tumulte, l'entraînèrent au monastère de Périblepte, aujourd'hui l'église de Soulou Monastir dans le quartier de Psammatia. Là, le malheureux se fit moine. Il ne survécut guère à cette chute humiliante. Il avait régné trois ans, du 31 mars 1078 au 1er avril 1081.

Isaac Comnène, le premier de sa maison qui ait ceint la couronne impériale, n'avait régné que deux ans; il n'avait pour ainsi dire fait que montrer le chemin à sa famille. Alexis fut le chef véritable de cette grande et glorieuse dynastie.

Je suis largement sorti de mon sujet, désireux d'exposer en ces quelques pages comment se fit une des plus importantes révolutions de

Byzance, comment arriva au pouvoir cette race forte qui, malgré les luttes malheureuses contre les Normands d'Italie et les Turcs d'Asie-Mineure, malgré le grand embarras des premières croisades, releva l'empire pendant tout le xiie siècle, ne périt que par les crimes du monstrueux Andronic, et donna cette série de trois princes administrateurs et guerriers, Alexis, Jean et Manuel, dont les règnes non sans gloire remplissent un espace de cent ans, d'avril 1081 à septembre 1180. De ce vaste bouleversement qui rendit la paix et le calme d'un gouvernement énergiquement centralisateur à la Byzance du xie siècle, devenue comme la Rome du ve siècle un champ ouvert aux ambitions de tous les prétendants, une femme, je le répète, paraît avoir été l'instigatrice principale. A voir l'estime dans laquelle Alexis victorieux tint sa mère, la puissance qu'il lui attribua, on conçoit l'influence que dut exercer cette princesse illustre, avant plus encore qu'après la victoire. « Alexis fut couronné, Isaac nommé sébastocrator, leur mère dirigeant tout, » répètent à l'envi les historiens contemporains.

Du reste, ces premiers Comnènes paraissent avoir eu l'esprit de famille plus développé encore qu'aucune autre maison souveraine de Byzance. Le premier soin des deux frères fut de courir chercher leur mère pour l'installer au Grand Palais. Alexis avait alors trente-trois ans. Il n'avait point eu de postérité de sa première femme, fille de Romain Argyre, et la seconde, la belle Irène Ducas, bien que mariée depuis quatre ans, était encore stérile. Tous les Comnènes furent comblés. Isaac fut fait sébastocrator, titre nouveau créé à son intention. Adrien, le troisième frère, fut protosébaste, illustrissime, grand domestique des forces d'Occident, et Nicéphore, le quatrième, sébaste et drongaire de la flotte. Des trois sœurs des Comnènes, la plus chère à leur cœur était Marie, dont le mari, Michel Taronite, du grand clan arménien de ce nom, fut créé protovestiaire ou grand-maître de la garde-robe et panphypersébaste, titre également nouveau, inventé par la tendresse fraternelle. Le second beau-frère d'Alexis et d'Isaac, le fameux Mélissène, qui était toujours en armes, fut amnistié; il eut la splendide Salonique en toute propriété avec d'autres revenus héréditaires; dans les cérémonies, il eut rang immédiatement après le sébastocrator et son nom fut crié le troisième dans les acclamations publiques. La troisième sœur, Théodora, n'eut rien, étant religieuse depuis la mort tragique de son époux, Constantin Diogène. C'est ainsi que la famille du vainqueur fut magnifiquement dotée, pendant que les biens des partisans du Botaniate étaient distribués aux soldats étrangers, pour les faire renoncer au pillage et les décider à s'éloigner de la capitale. La résidence impériale fut divisée ; la plus grande et plus importante portion fut habitée par les Comnènes ; l'autre, simple dépendance, reçut l'impératrice Marie, son fils et tous les Ducas.

Marie d'Alanie, veuve de deux empereurs tous deux encore vivants sous la robe du moine, résista violemment à ces arrangements si funestes pour la cause des Ducas et voulut habiter dans le Palais principal avec son fils. On l'a accusée avec assez de raison d'avoir tenté de remonter sur le trône une troisième fois, en cherchant à gagner le cœur d'Alexis. Il y eut même quelque hésitation à procéder au couronnement d'Irène, qui cependant fut célébré peu de jours après, grâce à l'énergie du patriarche Côme.

Marie, se sentant définitivement vaincue, consentit seulement alors à quitter le Palais, sous condition que son fils porterait la pourpre, signerait avec le cinabre, serait nommé aussitôt après l'empereur dans les cérémonies, et le suivrait immédiatement dans les pompes. Puis la fière princesse se retira en grand appareil au monastère de Manganes qui était sa propriété, et où elle dut prendre le voile.

Dans cette préface à l'installation de la dynastie nouvelle, la main d'Anne Comnène est partout prépondérante. En réalité ce fut cette femme ardente, éclairée par un sens politique extraordinaire, qui dirigea toute l'entreprise. Ce fut elle encore qui exigea la démission du patriarche Côme, soupçonné plus tard d'avoir favorisé à nouveau les Ducas; ce fut elle qui inspira son fils couronné dans ses moindres démarches et qui lui inculqua jusqu'à un certain point l'amour de l'ordre et de la justice. Après le triomphe, elle avait voulu se retirer du monde. Ses fils l'en détournèrent en la consultant avec tant d'à-propos qu'elle finit par prendre un goût extrême aux affaires publiques, et les dirigea bientôt presque exclusivement. Pendant les premières années de son règne, Alexis, sans cesse occupé à combattre les Normands de Robert Guiscard et de Bohémond, ou les Turcs d'Asie-Mineure, lui abandonna tout le poids du gouvernement.

Le texte du chrysobulle qui donnait plein pouvoir à Anne Dalassène et enjoignait à tous de lui obéir en l'absence de ses fils, nous a été conservé par sa célèbre petite-fille, nommée Anne d'après son aïeule. Alexis, dans ce document, déclare en termes touchants, qu'étant redevable de tous ses triomphes à la sagesse de sa mère, il remet entre les mains de celle-ci toutes les affaires publiques et privées, le droit de nommer aux charges et aux magistratures, de destituer, de diminuer ou d'augmenter les impôts, etc., etc.; il enjoint à tous, du plus petit au plus grand, d'obéir à la princesse sans délai, sans examen, même à des ordres de vive voix qui deviendront immédiatement irrévocables. — Cet esprit infatigable suffisait à tout. Les journées de la régente étaient admirablement réglées. Dévote comme toutes les princesses byzantines, elle passait en oraisons une portion des nuits, se levant à l'aube pour dicter les dépêches, donner audience aux fonctionnaires; puis elle écoutait les offices à la chapelle de Sainte-Thécla, attenant à son palais particulier, celui-là même que Monomaque avait fait construire pour la courtisane Sclérène. L'extérieur de cet édifice ressemblait à un monastère; à la table frugale de saints personnages étaient seuls admis. Tout le reste du jour était consacré à l'expédition des affaires.

Telle fut cette grande princesse qui demeura le bon génie du règne d'Alexis Comnène, tant qu'elle fut au pouvoir. Son défaut fut d'être impérieuse, ne sachant ni plier, ni feindre, ni gagner par la douceur. Elle ne sut non plus constamment ménager l'amour-propre de son fils et le traita parfois comme un véritable sujet. Il finit par s'en irriter, et devint jaloux de la puissance de sa mère. Comme elle s'en aperçut, trop fière pour conserver le pouvoir dans ces conditions, elle se retira dans un monastère fondé par elle. Elle y vécut vénérée comme une sainte et mourut fort âgée. Ce fut peut-être la plus grande figure féminine de l'empire byzantin, plus grande politique qu'Irène, d'un esprit bien autrement élevé, bien plus noble et détaché de ce monde, gouvernant par des procédés plus généreux. Sa dévotion était étroite mais profonde. Les troupes de son fils, entrant dans la capitale, avaient horriblement profané les églises, et cela le jour du jeudi-saint. Sur la demande d'Anne Dalassène, une assemblée des chefs de la religion décréta une pénitence publique de quarante jours; durant tout ce temps, le basileus, sa mère, toute la famille impériale, toute la cour, tous ceux qui avaient pris une part quelconque à cet événement, couchèrent sur le sol, les femmes partageant les rudes pénitences de leurs époux. Spectacle bizarre que celui de toute cette foule brillante, plongée dans les exercices de la plus rude contrition. Alexis se signala entre tous; vêtu d'un cilice sous sa robe, il fit de la terre nue son lit, avec une pierre pour chevet.

Un hasard heureux a fait retrouver parmi ces curieuses bulles de plomb byzantines que commencent à étudier les archéologues et qu'on recueille parfois dans le sol de la Constantinople médiévale, le sceau de la célèbre Anne Dalassène. Un premier exemplaire a été publié par M. Sorlin-Dorigny, un second vient d'être retrouvé par le docteur Mordtmann, le savant et infatigable amateur d'antiquités byzantines. L'inscription que portent ces précieux monuments confirme en tous points ce que la petite-fille d'Anne Dalassène nous a dit de l'autorité et de la puissance de son aieule à la cour d'Alexis. Anne y porte le titre « d'Anne première, mère du souverain » ; c'est avec ces bulles qu'elle scellait les documents dictés par elle dans l'ancien palais de Sclérène, tandis que son fils luttait contre les chevaliers normands sur les frontières de l'Illyrie et de l'Épire. Selon l'usage byzantin, toutes les fois qu'il s'agit d'un nom illustre, Anne avait conservé son nom patronymique, et sur ses sceaux le nom des Comnènes n'est même pas indiqué.

XIII

Le promeneur qui sort de la petite ville de Prinkipo par son extrémité occidentale, suit une route charmante qui domine la mer en face de l'île des Térébinthes. Destinée à rejoindre un jour celle de la rive opposée, en achevant le tour de l'île, cette route s'arrête pour le moment au petit couvent de Saint-Nicolas, dans une clairière romanesque et silencieuse; de ce point, un chemin rustique perdu sous les pins, traverse la croupe médiane de l'île, et laissant sur la gauche tout le massif montagneux que domine le couvent de Saint-Georges, court rejoindre cette autre route qui longe la rive parallèle à Halky, et tend aussi dans un avenir prochain, à contourner le massif de Saint-Georges pour se confondre avec sa rivale. Bien avant d'arriver à Saint-Nicolas, précisément en face de l'îlot des Térébinthes, le passant aperçoit, sur la côte nue et déserte, entre la plage et la route, des ruines considérables, presque disparues sous les éboulis, défigurées par des amas de scories, résidus peu pittoresques d'une exploitation de minerai établie à une époque relativement moderne. Pour peu qu'on s'approche de ces débris confus, on s'aperçoit immédiatement qu'un édifice important a dû s'élever en ce lieu. Des chambres encore à demi voûtées, des cellules ruinées, des couloirs éboulés, d'épaisses murailles ensevelies sous la végétation et les terres rapportées, occupent un vaste espace, et ont valu à cette localité le nom populaire de Kamares, « chambres ». Des fragments de sculpture jonchent le sol; d'autres ont servi à la construction de murailles destinées à transformer en parcs à bestiaux, les salles les mieux conservées ; une de celles-ci semble être le vestige de quelque oratoire. Enfin, sur la hauteur, à deux pas de la route, une immense citerne, vide aujourd'hui et presque comblée, est un indice encore plus certain de l'importance ancienne de cet édifice dont ces débris sont le dernier vestige.

Ces ruines misérables de Kamares, aujourd'hui hantées par les oiseaux de mer, incessamment parcourues par les petits chevriers et leurs troupeaux, sont tout ce qui reste du grand couvent de femmes de Prinkipo, jadis illustré par le séjour de la tragique Irène, de sa petite-fille Euphrosyne, qui fut aussi impératrice, de Zoé, d'Anne Dalassène, et de tant d'autres recluses de haut rang dont je n'ai pu citer les noms, faute d'espace. C'est en ce site mélancolique que ces infortunées ont éprouvé tous les tourments de l'exil, de la captivité, de l'austère règle monacale.

De cette partie de la côte, la vue est moins belle qu'en aucun autre point des Iles ; elle y est comme écrasée à courte distance par ce morne îlot des Térébinthes, où les princesses et les patriciennes, des fenêtres de leurs cellules, pouvaient voir circuler tristement d'autres reclus, leurs amants, leurs fils, leurs partisans, condamnés à la même affreuse et monotone détention. Au milieu des riants paysages de cette île sereine, vrai joyau de Marmara, les informes débris du couvent de Kamares, font, par leurs sombres souvenirs, l'effet d'un nuage noir au milieu d'un ciel toujours pur.

Nous venons de voir l'île de Prinkipo, au début de l'existence d'Alexis Comnène, servir de prison à sa mère. Tout à la fin de la vie de ce prince, lorsque Anne Dalassène était morte depuis longtemps, cette île devint pour quelques jours la résidence d'une autre princesse de la même maison. C'était en 1115, Alexis était en guerre avec les Turcs Seldjoukides qui couvraient toute l'Asie-Mineure de leur innombrable cavalerie. Tourmenté par une goutte horrible, l'empereur gardait le lit. Les Turcs avaient tourné sa maladie en ridicule, affectant d'y voir une feinte destinée à déguiser sa lâcheté. Le sultan Kilidg-Arslan se moquait de lui; au camp musulman, sur des théâtres improvisés, des acteurs grossiers mimaient la souffrance du basileus byzantin. Irrité plus qu'il n'aurait voulu le paraître de ces piqûres d'épingles, Alexis, malgré de cruelles douleurs, s'avança de Nicée jusqu'à la ville de Lopadium, aujourd'hui Ouloubad, à dix heures à l'ouest de Brousse. La longue et puissante muraille élevée par lui pour la protection de cette importante forteresse, se dresse encore aujourd'hui sur les bords solitaires du Rhyndacus. Après quelques succès de cavalerie, les chaleurs de l'été devinrent à tel point intolérables que les Impériaux durent suspendre les hostilités. Durant tout ce temps, l'état de santé de l'empereur demeura si précaire, que, pour être plus à sa portée, l'impératrice Irène vint habiter Prinkipo, probablement dans un des couvents de l'île. Ce n'était pas tant la sollicitude envers son infirme époux qui l'attirait en ces lieux, que le désir ardent d'être présente au cas où Alexis, très affaibli, et âgé de près de soixante-sept ans, viendrait à expirer. L'ambitieuse princesse ne songeait qu'à séquestrer à son profit le pouvoir, fût-ce au détriment de Jean, le propre fils qu'elle avait donné à l'empereur.

Ce fut à peine si Alexis laissa l'impératrice séjourner à Prinkipo, tant il avait besoin de ses soins et paraît-il aussi de ses conseils, au milieu des intrigues qui l'environnaient. L'approche des Turcs força bientôt du reste l'empereur à renvoyer à Constantinople cette épouse tant aimée et si peu digne de l'être. Lui-même, toujours plus miné par la maladie, ne rendit l'âme que trois ans après, dans la nuit du 15 au 16 août 1118, après plus de trente-sept ans de règne. Son fils Jean, qui avait détaché du doigt du mourant l'anneau impérial, et auquel les gardes scandinaves avaient ouvert les portes du Palais, dut lutter avec énergie pour neutraliser les ambitieuses intrigues de sa mère.

Parmi les ruines que l'on rencontre encore

en explorant les campagnes de Prinkipo, le patriarche Constantios signale celles de quelques tours, dont l'une se voyait de son temps à l'entrée du village. Ces tours, et plusieurs autres aujourd'hui disparues, auraient été, suivant Nicéphore Grégoras, construites par ordre d'un personnage célèbre, Alexis Apocaucos, qui a rempli du bruit de sa puissance et de ses cruautés toute une portion du XIVe siècle byzantin. Le rôle extraordinaire qu'il joua dans les longues luttes entre le prétendant Jean Cantacuzène et le jeune empereur Jean Paléologue, est trop connu pour que je m'y arrête ici. Sa mort tragique mérite d'être rapportée.

Tout-puissant à la tête du parti impérial, grand amiral, puis grand-duc, Apocaucos avait longtemps exercé un pouvoir absolu sur le peuple qu'il flattait par ses largesses, et sur l'impératrice régente Anne de Savoie qui le détestait, mais qu'il terrorisait par ses menaces. C'était en juin 1345, au moment de la plus grande puissance du parvenu. Le grand-duc

Apocaucos, sorti de rien, gouvernait l'empire ; les affaires de l'anti-empereur Cantacuzène allaient au plus mal. Soutenu par la populace, le grand-duc faisait trembler la régente. Non content d'avoir laissé misérablement périr en prison la propre mère de Cantacuzène, il avait ensanglanté la capitale des exécutions d'innombrables parents et amis du prétendant. Constantinople devint le théâtre de supplices presque incessants. Les prisons étaient trop étroites pour le nombre des victimes, et Apocaucos inventait chaque jour des tourments nouveaux. Chaque jour, il se rendait aux diverses geôles et faisait torturer les prisonniers en sa présence. Il avait fait transformer en cachot une portion de l'édifice fameux aujourd'hui connu sous le nom de « Palais de Bélisaire », et y avait fait rassembler tous les alliés et adhérents encore vivants de Cantacuzène, presque tous appartenant à la plus haute noblesse byzantine. Comme la place manquait encore, le grand-duc imagina de faire disposer chaque cachot déjà fort étroit en une série de loges de six pieds carrés. Ainsi modifié, le Palais de Bélisaire devint une sorte de ruche sinistre, où dans des oubliettes monstrueuses les malheureux ne pouvaient ni se coucher, ni s'étendre, ni se tenir debout. A certaines heures, pour les empêcher de mourir, on les réunissait dans un préau; c'était le moment que choisissait le grand-duc pour venir insulter à leur désespoir.

Fatigués de vivre, les infortunés conspirèrent, non tant pour s'évader, que pour se venger de leur infâme persécuteur. Plusieurs fois leurs projets échouèrent; dès que le grand-duc approchait, les gardes forçaient les prisonniers à reculer. Un jour cependant Apocaucos, oublieux de ces précautions, distrait par le spectacle que ses yeux savouraient avec bonheur, s'aventura seul au milieu des malheureux qui, demi-nus, au nombre de près de deux cents, guettaient leur proie; en un instant il fut enveloppé par la meute furieuse; en vain les gardes accoururent, ils ne purent rien contre ces hommes tout entiers à leur vengeance et se retirèrent éperdus. Armés de briques arrachées aux murailles, les prisonniers formaient un amas confus, hurlant et féroce, sous lequel le grand-duc se trouvait comme écrasé. Apocaucos était vigoureux, il lutta longtemps, repoussant à coups d'épaule ceux qui le frappaient; enfin l'un d'eux, qui poussait des imprécations effroyables, le jeta bas d'un coup de bâton. Un autre, qui s'était procuré dans le tumulte la hache d'un ouvrier occupé à la construction des cellules, lui fendit le crâne d'un seul coup; il expira, et la bande affolée, maîtresse de la prison d'où s'étaient enfuis gardes et geôliers, suspendit aux créneaux son cadavre pantelant. Les révoltés espéraient ainsi donner le signal d'une sédition qui assurerait leur délivrance; brandissant au bout d'une pique la tête du grand-duc, ils la montrèrent à la multitude accourue au bruit. C'était le 11 juin; ce jour-là peut-être les prisonniers eussent pu s'échapper grâce à la surprise du premier moment. Soit manque de décision, soit confiance en la parole des Génois de Galata qui avaient promis de les secourir, ils commirent l'imprudence de se barricader dans le donjon. Apocaucos était l'idole de la plus basse populace qu'il avait toujours soigneusement excitée contre le parti de la noblesse groupé autour de Cantacuzène. L'émeute sur laquelle comptaient les prisonniers, et qui suivait assez généralement à Byzance le meurtre du chef du pouvoir, n'éclata point cette fois. Ce fut bien le contraire. L'impératrice régente elle-même, qui avait toujours paru détester Apocaucos et supporter impatiemment sa domination tyrannique, crut devoir sévir. Cédant aux clameurs de la veuve de l'assassiné, elle laissa Zéphirète, familier du grand-duc et bourreau ordinaire de ses exécutions, soulever avec quelques partisans le peuple des faubourgs et les marins de la flotte avides de venger leur ancien drongaire. Ils se portèrent en foule à la prison. Ce fut une destruction sans pitié de toute cette triste noblesse. Livrés au peuple, la plupart ne périrent qu'après avoir été mutilés ; on leur coupa les mains, les bras, les jambes; on les traîna dans les rues. Quelques-uns s'étaient réfugiés dans une petite chapelle voisine, d'où ils furent arrachés.

La licence tolérée par l'impératrice fut telle, son indulgence pour de pareilles représailles fut si marquée, qu'il est bien difficile de ne pas admettre qu'au fond du cœur l'ardente Italienne nourrissait un secret penchant pour cet Apocaucos que la plupart des chroniques nous représentent comme tant haï par elle. Un édit, signé de sa main, défendit de porter le deuil des patriciens massacrés ; il fut interdit de donner le moindre signe de regret à leur mémoire ; les corps furent jetés au Bosphore ou dans les fossés de la Ville et dévorés par les chiens. J'ai rapporté cette scène dramatique parce que le souvenir du terrible Apocaucos est intimement lié à Prinkipo ; avant sa haute fortune, lorsqu'il dissimulait encore sa haine contre Cantacuzène, son bienfaiteur, alors tout-puissant au Palais, le fourbe prudent avait fortifié quelques-uns des fiefs déjà nombreux qu'il possédait. Décidé à se saisir coûte que coûte du pouvoir, il avait résolu, au cas où ses projets viendraient à être contrariés, de se retirer dans un de ses châteaux pour s'y préparer à tenter, les armes à la main, ce qu'il préférait accomplir à force de ruse et de souplesse. L'île de Prinkipo se trouvait être une de ses plus importantes possessions, et les quelques débris de fortifications militaires que j'ai mentionnés plus haut paraissent bien être les derniers vestiges des constructions ordonnées par cet homme terrible, dont les cruautés et la fin affreuse ont environné le nom d'une sinistre auréole.

Grâce à leur position si voisine de Constantinople, les Iles des Princes n'ont que trop souvent été pillées et brûlées lors des sièges si fréquents que subit la grande capitale ; bien souvent aussi elles furent ravagées par les pirates qui, à diverses époques, infestèrent la mer de Marmara. En 1203, immédiatement après leur premier débarquement à ce bourg de San-Stefano, dont la célébrité est devenue de nos jours européenne, et que Villehardouin nomme « le Moustier Saint-Étienne », les guerriers de la quatrième croisade passèrent à l'Escutaire, le Scutari d'aujourd'hui, en face de la capitale ; de là, ils envoyèrent leurs fourrageurs rançonner les Iles. Ce fut, nous dit le sire de Villehardouin, sur le conseil de Dandolo : « Il y a des îles ici près, dit le vieux héros vénitien à ses compagnons, que vous pouvez voir d'ici, où des gens habitent et font venir des blés, des vins et d'autres biens. Allons là prendre port et recueillir les blés et les vins du pays ; et quand nous aurons recueilli les vivres, allons devant la Ville et faisons ce que Notre Seigneur aura disposé, car plus sûrement guerroie celui qui a des vivres que celui qui n'en a pas. A ce conseil se rallièrent les comtes et les barons. » Le chroniqueur ne nous en dit pas davantage, et ne mentionne plus les Iles des Princes, mais très certainement le conseil de Dandolo fut mis à exécution.

Plusieurs fois encore, sous le terrible Andronic Comnène, puis sous Andronic Paléologue le Vieux, des aventuriers latins vinrent occuper les Iles, après y avoir brûlé couvents et maisons d'habitation. Chaque fois ils en furent chassés, non sans peine, par les troupes impériales. Sous Andronic Paléologue, une de ces agressions donna lieu à des scènes dramatiques. Les Vénitiens s'étaient brouillés avec l'empereur. Par un beau samedi d'été de l'année 1302, une flotte de treize galères avec sept vaisseaux équipés en course à Candie et à Négrepont, sous le commandement d'un Giustiniani, pénétra en plein midi dans le port de la Ville gardée de Dieu. Les galères latines filèrent majestueusement jusqu'au fond de la Corne-d'Or et allèrent s'embosser sous les murs mêmes du Palais impérial des Blachernes. Telles étaient la faiblesse, la misère de l'empire à cette époque, qu'on ne put leur opposer la moindre résistance. Trop peu nombreux toutefois pour attaquer directement l'immense capitale, les Italiens se contentèrent

d'insulter les Grecs, lançant leurs flèches jusque
dans les cours du Palais, injuriant à pleine voix
du haut de leurs navires l'empereur et son
peuple. Pendant ce temps les corsaires de
Candie et d'Eubée, qui avaient accompagné la
flotte régulière, se souciant peu de ces vaines
démonstrations, n'osant attaquer l'Escutaire
trop bien fortifiée, s'en allèrent, de nuit, débar-
quer à Prinkipo. Sur leur route ils avaient déjà
affreusement ravagé les îles de la mer Égée, Car-
pathos, Samos, Chios et Ténédos, emmenant
chaque fois de nombreux prisonniers transformés
en rameurs en attendant qu'ils fussent vendus
comme esclaves. A Prinkipo, ces dévastateurs
en firent de même ; ils brûlèrent toutes les constructions et s'emparèrent de tous les habitants,
moines et laïques, sauf quelques-uns plus agiles
qui réussirent à fuir dans des barques, puis on
réclama de ces malheureux une rançon qu'ils
furent incapables de payer. Les corsaires, em-
pilant alors sur leurs navires les plus considérables de leurs captifs, les higoumènes des

monastères et les principaux religieux, allèrent jeter l'ancre en vue de Constantinople. Là, ces infortunés, dépouillés de leurs vêtements, furent suspendus par les pieds aux vergues des mâts et déchirés à grands coups de fouets. Leurs cris de douleur troublèrent les habitants derrière les murailles jusque dans les quartiers les plus éloignés. Il fallut que les Grecs dévorassent cette insulte et que le vieil Andronic vidât son trésor presque épuisé pour payer à ces forbans les quatre mille pièces d'or de rançon qu'ils réclamaient. Il se plaignit amèrement à l'amiral vénitien de ces actes inouïs, commis sous le couvert du pavillon de la République, mais Giustiniani répondit insolemment que les corsaires avaient agi par son ordre, et l'empereur ne put que se taire.

XIV

Prinkipo compte actuellement trois couvents encore debout; celui de Christos ou de la Transfiguration, rebâti en 1597, et qui domine la hauteur sur laquelle s'étage la petite capitale de l'île; celui de Saint-Nicolas, dans une délicieuse situation au bord de la mer, en face d'Andérovithos, devenu une simple *metochi* d'un des grands couvents du Péloponèse; celui de Saint-Georges enfin, bâti sur le principal sommet. Celui-là est universellement connu des touristes, célèbre entre tous par sa position merveilleuse qui en fait le point de vue le plus renommé des environs de Constantinople. Ses bâtiments de bois et son église, abrités par quelques grands arbres, se dressent sur le gigantesque promontoire qui domine Prinkipo vers l'ouest, juste à l'extrémité opposée au village de l'île. On s'y rend par un de ces chemins ravissants, courant sur des pentes parfumées, sous les pins clairsemés, en vue des flots d'un bleu sombre, un de ces chemins tant de fois décrits par les voyageurs enthousiasmés, et qui sillonnent de leurs courbes gracieuses tous ces beaux rivages des vieilles terres helléniques. On longe d'abord la route qui suit le bord de la mer sur l'un ou l'autre versant de l'île jusqu'à ce col qui divise Prinkipo en deux portions distinctes, et où s'élève, dans une clairière, un petit café rustique. On peut aussi gagner directement ce carrefour, en gravissant les pentes qui portent la partie haute de la ville, et en passant par le couvent de Christos; on redescend de là sur le col par un bois de pins, le long d'une crête d'où la vue plonge à droite et à gauche sur les plus charmants coins de terre et de mer. Du petit café où l'on s'arrête d'ordinaire, un sentier qui suit la pente méridionale du promontoire, grimpe au couvent, parmi les bruyères, les myrtes et les térébinthes poussant sur un gazon court et dru tout embaumé des senteurs du thym et de la menthe sauvage. L'air est d'une pureté merveilleuse, sans cesse rafraîchi par les brises du large.

L'enchantement est à son comble quand on atteint le monastère, ou plutôt la petite terrasse qui le domine, car les bâtiments pittoresques qui composent cet édifice sont situés un peu au-dessous du sommet, sur le versant qui regarde Halky. Abrités contre les vents par quelques grands rochers suspendus en gradins au-dessus de la pente fort rapide, ils surplombent la mer à une immense hauteur. Cette fois encore, on ne saurait rêver pour un monastère, pour cette vie d'adoration contemplative qui réalise l'idéal de la vie cénobitique, une retraite plus admirable. Rien dans cette superbe solitude, en face de cette mer semée d'îles riantes, de ces côtes dominées par des neiges éclatantes, rien d'humain ne vient troubler le moine songeur, rien ne ramène ses pensées aux mesquines réalités de ce monde ; partout le spectacle de la nature dans sa parfaite splendeur méridionale, élève son âme vers le Créateur de toutes choses ; la main des hommes est bien loin et ne compte pour rien dans les sensations qu'il éprouve. C'est Marmara dans toute sa beauté, avec ses flots disputant au ciel son bleu profond, avec ses rives verdoyantes, avec le fond lointain du golfe d'Ismid tout environné de sombres forêts, avec ses îles, écrin splendide, et cet éternel rempart des neiges de l'Olympe. Que cette mystique armée de rêveurs, d'ascètes enthousiastes, dont fourmillait l'immense famille des moines byzantins, devait chérir ces hauts sommets, ces hauts couvents des Iles, ces inaccessibles et sublimes retraites du grand mont Saint-Auxentios et des forêts de l'Olympe ; qu'ils devaient aimer, en ces lieux tant élevés au-dessus des misères humaines, à se livrer tout entiers aux extases infinies, aux muettes méditations sur les troublants mystères du Verbe Divin ! Il y a là, à quelques pas au-dessus du couvent, une terrasse naturelle qui forme le haut du promontoire; on y trouve réunis tout ce qui fait le charme de tant de localités d'Orient, une source naturellement réputée miraculeuse, de beaux arbres, des rochers d'une teinte admirable.

Hélas ! faut-il le dire, ce couvent si beau, dans cette position tant enviée, où devraient vivre et mourir de doctes bénédictins passant de l'étude des grands faits du passé au pieux recueillement qu'inspirent tant de splendeurs naturelles, ce couvent charmant entre tous, a été transformé depuis peu en un hôpital de fous, où quelques grossiers caloyers surveillent tant bien que mal de pauvres êtres atteints de ces maladies mentales, si rares en ces pays où la fièvre de la vie moderne n'accélère pas encore les battements de tous les cœurs. On dit qu'aujourd'hui le patriarche envoie également à Saint-Georges les enfants ou les jeunes gens chrétiens soupçonnés de vouloir se faire mahométans.

On ne sait rien de précis sur les origines de ce couvent si merveilleusement situé, aujourd'hui simple dépendance de la grande Laure du Péloponèse; aucun souvenir historique important ne s'y rattache. Il est presque certain toutefois qu'il dut y avoir en ce point, dès l'aurore de la vie monastique, quelque établissement de religieux. Jadis également de nombreux ermites, parmi lesquels beaucoup avaient joué dans la société un rôle considérable, avaient parsemé de leurs blanches cellules, les pentes sauvages de ce promontoire de Saint-Georges; ils affluaient aussi dans les autres îles. Il en existait encore plusieurs dans la première moitié de ce siècle. Tous ont aujourd'hui disparu, sauf un, m'a-t-on dit, qui habite une des extrémités les plus solitaires de Halky.

Ces dernières années les Iles ont été moins fréquentées; on semble de plus en plus leur préférer le Bosphore, où l'existence est moins monotone, où les communications sont plus rapides et surtout plus fréquentes. En 1878 cependant, la présence de la flotte anglaise, mouillée entre Prinkipo et Halky, avait répandu une grande animation. La guerre faisait rage, et beaucoup d'habitants chrétiens de Péra, effrayés par une succession célèbre d'événements tragiques, ignorant encore jusqu'où pouvait aller la mansuétude vraiment à toute épreuve du peuple turc, redoutant un soulèvement fanatique, s'étaient retirés aux Iles avec leurs familles, heureux de se trouver sous la protection des canons de S. M. Britannique. Les officiers anglais s'étaient fort bien trouvés d'une si aimable compagnie. Bien qu'on crût danser sur un volcan, on dansait gaiement ; les fêtes se succédaient ; ce n'étaient que régates, parties de pêche, parties à âne ou à cheval dans Prinkipo et Halky, parties en caïques aux îlots plus éloignés de Plati et d'Oxya. Malgré ces exceptions d'un jour, jamais les Iles des Princes ne retrouveront leur splendeur de la première moitié du siècle, alors que le Bosphore était encore relativement délaissé.

C'était en temps de peste surtout, lorsque le

terrible fléau régnait en maître à Constantinople, qu'on voyait grossir démesurément la population des Iles. Grâce à la pureté très grande de l'air, l'affreuse maladie n'y exerçait pas de ravages. On s'y rendait dans de grands caïques, dit caïques-bazars, manœuvrés par plusieurs paires de rameurs, comme ceux qui servent encore aujourd'hui aux familles grecques et arméniennes pour le transport de leur mobilier, quand elles vont s'installer sur le Bosphore ou rentrent hiverner à Péra et au Phanar. Avant les bateaux à vapeur, qui furent installés en 1846, Prinkipo seule possédait quatorze de ces grands caïques à plusieurs paires de rames. On naviguait à la voile lorsque le vent était favorable. Chaque matin cette flottille pittoresque cinglait vers la Corne-d'Or, amenant à leurs comptoirs de Galata les riches négociants en villégiature aux Iles. Chaque soir elle repartait pour Halky et Prinkipo. Aujourd'hui encore les voyages par caïques entre Constantinople et les Iles ne sont pas entièrement supprimés.

15

La dernière des Iles des Princes du côté du golfe de Nicomédie est un simple îlot situé à quelques centaines de mètres de Prinkipo, en face du joli couvent de Saint-Nicolas. C'est l'île des Térébinthes, aussi appelée Andérovithos ou encore l'île des Lapins. Elle est aujourd'hui presque dépourvue de végétation. Achmed Pacha, gendre du sultan Abdul Medjid, y a fait des essais de culture qui n'ont guère réussi. Les ermites qui vivaient dans ce coin retiré en ont été chassés par cette invasion de la vie civilisée. Ils s'étaient transportés à Halky, d'où ils ont, je l'ai dit, presque disparu. L'un d'eux était un patriote célèbre, dont la fortune jadis considérable avait passé tout entière au rachat des captifs grecs des événements de 1821. Andérovithos, que je n'ai pu visiter, mais qu'on aperçoit fort bien de Prinkipo, n'est plus habitée que par le fermier de l'île, qui occupe une maison de triste apparence, bâtie sur la plage. Il faudrait mal connaître l'esprit de ferveur monastique de la vieille Byzance pour ne pas être assuré à priori que, dès l'époque la plus reculée, quelque couvent dut s'élever dans ce lieu propice à la vie méditative. Il y en eut un en effet, peut-être plus, dont quelques informes débris de substructions et de murailles éboulées subsistent encore.

Comme leurs grands frères de Prinkipo, de Halky, d'Antigoni, ce ou ces couvents d'Andérovithos et les cellules dont ils étaient entourés, ont donné asile pendant toute la durée de l'empire byzantin à de nombreux et illustres exilés. Parmi ces personnages historiques, trois surtout, dont deux princes de l'Église, deux patriarches de la Nouvelle Rome, saint Ignace et Théodose, et un fils d'empereur, Constantin, fils de Romain Lécapène, ont donné à l'humble îlot une véritable célébrité.

De ces grandes victimes, celui dont la destinée fut dramatique entre toutes est le fameux saint Ignace, un des saints les plus vénérés de l'Église orthodoxe, une des plus intéressantes victimes de Michel III, le plus cruel des souverains de Byzance après Andronic Comnène, dont ce fou furieux n'eut pas l'incontestable énergie et la volonté puissante. Ignace fut un martyr toute sa vie. Sa naissance était la plus haute, car il était fils d'empereur ; et nous l'avons déjà rencontré au début de ce récit, lors de la chute de son père le basileus Michel Rhangabé. Lorsque ce faible souverain eut été, en 813, relégué par l'usurpateur Léon V dans le couvent de Proti où il devait vivre vingt-sept ans dans la robe de bure du caloyer Athanase, ses deux fils survivants, Théophylacte et Nicétas, furent, on le sait, faits eunuques et moines. Nicétas avait quatorze ans. C'était un enfant doué de qualités charmantes, énergique et bon. Tout jeune encore, il avait été nommé par son aïeul maternel, l'empereur Nicéphore Logothète, chef honoraire des Icanates, corps nouvellement organisé de la garde impériale. Ces soldats d'élite, la plupart étrangers, barbares, comme on disait à Byzance, triés avec soin, logeaient sous la tente dans les cours et les allées extérieures du Grand Palais. Eux seuls fournissaient les nombreux corps de

garde et l'armée de sentinelles qui veillaient à
la sûreté du basileus aimé de Dieu. Par ses
grâces enfantines, la maturité de son esprit, le
second fils de Michel Ier et de Procopia avait
gagné le cœur de ces rudes soldats de fortune,
tout fiers de leur capitaine.

Ignace était bien jeune encore lors de l'orage
qui jeta bas sa famille et de cette veillée mémorable de l'église de la Panagia du Phare où il vit
ses parents attendre, dans les affres de la mort,
le sort que leur réservait un vainqueur impitoyable. Assez âgé pour comprendre, il dut
souffrir mille tortures du supplice infâme que
lui infligeait une politique sans merci. Échappé
comme par miracle à tant de souffrances, il
renonça sans peine aux pompes impériales, se
voua tout entier à l'exercice des vertus monastiques et aux études théologiques les plus
ardues, et conquit rapidement un grand renom
de science, de vie sainte et pure. Il vivait au
couvent de Proti avec son père et son frère.
Souvent, dans ses méditations pieuses, il dut

parcourir ces îles des Pins, solitaire séjour aux portes de la capitale bruyante, monotone retraite où deux fois encore il devait être exilé dans le cours de sa carrière agitée. Sa mère, Procopia, moins détachée des choses de ce monde, végétait dans un monastère de la Ville avec ses deux filles, Gorgon et Théophano.

Nicétas, sous le nom monastique d'Ignatios, traversa dans ce séjour le règne de Léon V, le bourreau de sa famille. Puis vinrent Michel II, Théophile son fils, et le grand triomphe des Iconoclastes. Il est probable que déjà sous le dernier de ces princes, le moine Ignatios dut être persécuté pour la fermeté de sa foi, à l'exemple de son chef spirituel, l'infortuné Méthodius, dont j'ai dit la captivité effroyable. A la mort de Théophile, Ignace avait quarante-trois ans. C'était l'époque où la pieuse Théodora, rétablissant le culte des Images, ramenait quelques jours de calme dans l'Église. Lorsque Méthodius mourut, au printemps de 846, la régente lui donna pour successeur l'ennuque Ignace. Elle ne pouvait faire un choix plus heureux. A travers toutes les persécutions, le courageux confesseur avait peu à peu atteint les plus hautes charges ecclésiastiques ; au moment où il fut élevé à cette suprême dignité du patriarcat, il était higoumène du monastère de Saint-Satyre. Il était connu, disent les chroniqueurs, pour avoir peuplé de moines les îles de Plati et des Térébinthes, et pour avoir baptisé et instruit nombre de personnes dans la foi orthodoxe. Tant que le pouvoir fut aux mains de Théodora, Ignace administra l'Église avec succès. Par lui des missionnaires furent envoyés aux Khazars idolâtres, par lui les fameux hérétiques Pauliciens furent anathématisés. Il appuya vigoureusement Théodora dans la guerre terrible qu'elle fit à cette secte fanatique et à son chef Carbéas. Plus de cent mille de ces malheureux furent massacrés par ordre des lieutenants de l'impératrice.

Lorsque Théodora eut succombé dans sa lutte d'influence contre le fameux Bardas, et qu'elle eut été sur l'ordre de son propre fils rasée et enfermée avec ses filles dans un monastère, les jours de tourments recommencèrent pour Ignace. Bardas prit sur le jeune empereur, son neveu, un empire absolu et l'entoura de ses créatures. Ce fut le début de cette longue débauche impériale, qui, parmi tant de règnes avilis, a rendu celui-ci sinistre entre tous.

Bien qu'âgé de quinze ans à peine, Michel III était totalement perverti; jamais basileus n'avait eu d'instincts aussi bas. Livré aux plus vils amusements, sans cesse plongé dans les plus grossières distractions du *sport* byzantin, ne quittant la société des cochers du cirque que pour les orgies du Grand Palais, d'où chaque soir on l'emportait ivre-mort, ce précoce sceptique avait un goût immodéré pour les farces de théâtre; chaque jour les viveurs dont il s'entourait, tournaient devant lui en dérision les mystères de la religion, au scandale inouï des dévots. Bardas, qui visait à l'empire, encourageait ces scènes lamentables qui achevaient de dépopulariser le jeune prince. Lorsque Michel et ses acolytes avaient bien couru devant la foule du Cirque en casaque jaune et verte, quand ils avaient, la nuit, étourdi de leurs clameurs les quartiers riches de Byzance, poursuivant sous les portiques les citoyens paisibles, insultant les femmes de qualité, battant et assommant quiconque leur résistait, ils s'en allaient déshonorer la majesté impériale dans ces régions immondes habitées par le peuple immense des hétaïres de dernière catégorie, courant les tavernes borgnes, les tripots sans nom, rendez-vous des matelots de l'Archipel, des soldats étrangers, des plus bas aventuriers; puis, tous ces ivrognes de haut rang rentraient au Grand Palais et jouaient la comédie. Revêtus d'ornements sacerdotaux, remplaçant les dévotes cantilènes par les refrains des marins du port, l'empereur et sa jeunesse dorée mimaient les conciles, célébraient la messe, discutaient des hérésies, donnaient l'absolution et l'extrême-onction. Chacun de ces intrépides buveurs avait pris le nom d'un des prélats marquants de l'époque. L'empereur s'appelait l'archevêque de Césarée, parce que le titulaire de ce siège était une de ses victimes ordinaires. Quant au patriarche Ignace, son personnage était tenu par Théophile, parasite effronté, blasphémateur endurci, décoré par l'empereur dans un moment de joyeuse humeur du sobriquet d'Himère ou l'aimable. En ville il avait un surnom moins flatteur, et la grossière justice populaire, lorsque les gardes étaient loin, ne le désignait que sous le nom du *porc*.

Pendant ce temps, les affaires de l'État s'en allaient à la dérive. Le patriarche qui servait de cible à ces débauchés, se gênait peu pour flétrir leurs saturnales. Dans nos sociétés modernes, policées et bien nées, on imaginerait peu à quel point d'indécence pouvait aller un scandale pareil. Les jours de grande pompe, lorsque le patriarche se rendait processionnellement de son palais à la Grande Église ou à la Panagia des Blachernes, lorsque, parmi les chants clairs des moines et des catéchumènes, parmi la fumée des encensoirs incessamment agités, la foule dévotement agenouillée regardait passer les longues files des prêtres et des caloyers, dont beaucoup portaient sur leurs corps mutilés les traces des récentes persécutions, lorsque l'émotion pieuse, le recueillement étaient au comble, soudain des cris se faisaient entendre et un cortège impudent se précipitait à grand bruit, jetant partout la confusion et l'horreur. Une troupe de cavaliers bizarrement affublés de mitres, d'étoles, de crosses, montés sur des ânes revêtus de housses d'autel, s'élançaient au milieu des prélats éperdus; l'empereur les guidait, et ces misérables, entonnant sur le ton des psaumes les plus grossières chansons, poursuivaient par les rues les prêtres, leur arrachant la barbe, dispersant les fidèles à coups de fouet. Ces scènes se répétaient chaque jour, ne variant que par la grandeur du scandale.

Un jour, dans une orgie, Michel manda sa mère au Palais, pour y recevoir, disait-il, la bénédiction du patriarche. La basilissa, incapable de soupçonner un pareil affront, se rendit à l'invitation de son fils. Quittant en hâte son couvent, elle descendit de litière à la porte de la grande salle du trône et trouva l'auguste assemblée qui l'attendait dans un recueillement apparent. Conformément à la coutume, Théodora, s'agenouillant devant le patriarche, embrassa sa main. Quelle fut son horreur en reconnaissant à la place d'Ignace, l'aimable Théophile, le *porc*, revêtu du costume officiel, assis dans le siège patriarcal, à la droite du prince. Devant la surprise indignée de l'impératrice, les rires éclatèrent, et Théophile, dépassant toutes bornes, ne craignit pas d'insulter gravement sa souveraine en présence de son fils. Cette scène eut une issue inattendue. La nonne-impératrice, un instant écrasée par la douleur, se releva; foudroyant du regard ces écervelés, elle maudit son fils et appela sur lui les châtiments célestes. Les convives, troublés par cette apostrophe, la laissèrent se retirer ; elle courut cacher au plus profond du cloître la honte de cette injure.

Les remontrances indignées d'Ignace portèrent bientôt leur fruit. Un incident grave précipita les événements. Bardas, le tout-puissant curopalate, après avoir abandonné sa femme, entretenait un commerce scandaleux avec sa propre belle-fille. Comme il se présentait à l'autel le jour de l'Épiphanie, Ignace, qui l'avait prévenu, lui refusa la communion. Bardas voulut se jeter sur le prêtre intrépide; l'épée à la main, il cherchait à tuer Ignace malgré les supplications de ceux qui l'entouraient. Le patriarche, fort calme, attendait les coups. Enfin on parvint à entraîner le curopalate qui courut chez l'empereur. Il rappela au prince le refus d'Ignace de se prêter à la déposition de l'impératrice-mère, puis ses reproches courageux, ses protestations incessantes; enfin il tira parti d'un incident qui agitait violemment la capitale. Un nommé Gébon, venu de Dyrrachium sous l'habit religieux qui lui tenait lieu de porte-

respect, avait osé affirmer publiquement des
prétentions au trône, se disant fils de l'impératrice-mère Théodora, bâtard qu'elle aurait eu
avant son mariage avec Théophile. Malgré l'invraisemblance d'une pareille accusation, malgré
la folie avérée de l'imposteur, ce scandale avait
fait son chemin parmi la foule malveillante.
Beaucoup de gens, secrètement ravis de se venger quelque peu du misérable prince qui les
faisait tant souffrir, s'en allaient partout colportant la nouvelle. C'était la fable de la grande
ville désœuvrée. Chaque matin les statues de
l'Augustéon se couvraient de mystérieux placards
contenant de nouveaux détails sur l'impériale
aventure. Le jeune basileus, dans ses moments
de lucidité, avait eu des accès de colère terrible, et avait fait enfermer le fou dans une des
oubliettes de pierre creusées dans les profondeurs de l'îlot de Plati.

Plus crédule que le dernier de ses sujets,
Michel prêta l'oreille aux monstruosités que la
haine dictait à Bardas; il crut stupidement que

le patriache avait suscité cette imposture; il jura sa perte et s'occupa de lui trouver un successeur. Son choix se porta sur le fameux Photius, et, sous bien des rapports, il eût pu tomber plus mal. C'était également un homme d'illustre naissance, beau-frère d'une sœur de l'impératrice Théodora; son éducation avait été brillante; riche, possesseur d'une des plus complètes bibliothèques de l'époque, il avait, comme beaucoup d'hommes instruits de son temps, touché à toutes les connaissances humaines. Les deux ouvrages qui nous restent de lui, celui qui porte le nom de *Bibliothèque* surtout, témoignent d'une érudition immense, d'une perception prompte et d'un esprit profondément laborieux.

Par malheur, le cœur et la conscience, chez cet homme qui eût pu être l'honneur de son siècle, n'étaient point au niveau de l'intelligence. Type du courtisan habile, constamment prêt à toutes les capitulations, Photius était dépourvu de sens moral. La facilité de ses mœurs égalait l'étendue de son ambition. A cette époque, il était simple laïque, protospathaire, et remplissant auprès du basileus les fonctions de protosecretis ou premier secrétaire. L'espoir d'obtenir la dignité patriarcale, la plus haute après celle de l'empereur, ne lui fut pas offert en vain. Il se livra contre Ignace à des attaques passionnées. Comme celui-ci était fort aimé et qu'à Byzance, il fallait toujours redouter un de ces mouvements populaires qui se terminaient si facilement par un changement de règne, on s'efforça avant tout de perdre le saint prélat dans l'opinion publique. Un prêtre simoniaque, excommunié par Méthodius, puis déposé par Ignace, Grégoire Asvestas, évêque de Syracuse, qui brûlait de se venger, se chargea de cette mission. Il s'en alla de palais en palais, de maison en maison, ameutant contre Ignace la foule des nobles et des dignitaires, le calomniant, faisant l'éloge de Photius. Puis, comme les choses marchaient trop lentement au gré de l'empereur et de Bardas, Ignace fut secrètement sommé de se démettre pour éviter l'éclat d'une destitution.

Il refusa. C'en était trop. Le 28 octobre 857, au matin, il vit son palais patriarcal envahi par une bande de soldats sous les ordres d'officiers dévoués à Bardas. Maltraité et rudoyé, il fut jeté de force dans une barque, et transporté à Andérovithos, la plus petite et la plus inculte des îles des Princes.

C'est sur ce misérable rocher que le chef spirituel d'une moitié du monde chrétien, le patriarche de la Nouvelle Rome, vint subir son second exil. De sa cellule, il pouvait apercevoir son palais patriarcal dont les tuiles reluisaient au soleil levant, à quelques pas de la coupole de cette Grande Église, dédiée à la Sagesse Divine, où il avait si souvent dirigé la majesté suprême des pompes byzantines. C'était à bien des années de distance, la même vie qui recommençait pour lui; il n'avait fait que changer de rocher ; du Palais Sacré des empereurs au couvent de Proti, la chute n'était pas plus grande que de l'austère demeure patriarcale au rocher d'Andérovithos. Cette catastrophe nouvelle fut supportée avec une égale dignité. Par un raffinement odieux et pour mieux perdre le patriarche, on affecta au Palais d'établir une étroite connexité entre son exil et le châtiment de Gébon; on feignit d'y voir une pure question de complicité. Le pauvre insensé, déclaré coupable du crime de lèse-majesté, fut exécuté le jour même du brutal enlèvement d'Ignace. Conduit sur une place publique, il fut lentement mis à mort; on lui coupa les bras et les jambes; lorsqu'il ne fut qu'un tronçon, on lui arracha les yeux et on le laissa expirer à la vue de la foule.

Cependant l'exil d'un prélat aussi vénéré faisait d'autant plus murmurer que, malgré les menaces, Ignace se refusait énergiquement à signer sa démission. Celle-ci était nécessaire, ou, du moins, une déposition en forme, pour satisfaire le courroux de l'empereur et légitimer l'élévation tant désirée de Photius. De nombreux évêques protestaient hautement et se refusaient d'avance à reconnaître le nouveau favori. Les chroniqueurs racontent que Bardas, pour triompher de ces résistances, s'avisa d'un stratagème vraiment trop primitif pour être facilement admis. Chaque évêque fut secrètement sondé de sa part; à chacun il fit croire que l'empereur se disposait à lui donner la place d'Ignace, s'il consentait à abandonner ce dernier; seulement par convenance, chacun, au moment où l'empereur lui proposerait la charge, devrait paraître la refuser. Pas un ne rejeta ce honteux marché et tous auraient, dit-on, donné dans ce piège naïf. Toujours est-il qu'on les réunit et qu'on les prit au mot. Photius fut élu tandis qu'on déposait solennellement le prisonnier d'Andérovithos; le jour de Noël, il fut sacré sur l'ambon de Sainte-Sophie, et ce fut le triste évêque de Syracuse qui le couronna en présence de l'empereur et des dignitaires.

Photius paya à son souverain sa dette de gratitude par un dévouement de tous les instants. Uniquement occupé de plaire au prince, il s'appliqua à le suivre, affirment des écrivains hostiles, jusque dans les écarts les plus honteux de sa honteuse existence. A tous les festins, aux côtés du jeune empereur et parmi tous ces extravagants, dans toutes les parties fines de cette vie à grandes guides du IX⁰ siècle, au milieu des hétaïres en renom, on voyait, non sans étonnement, même dans cette cour blasée sur bien des ignominies, figurer le patriarche Photius; il tenait tête aux buveurs, répondait aux propos les plus libres. Le galant spathaire ne s'était point modifié sous la robe du prêtre, et les discours les plus libertins tombaient de cette bouche qui, le lendemain, devait dire la messe aux fidèles rassemblés aux Blachernes ou dicter des instructions pieuses aux catéchumènes. Certains chroniqueurs vont jusqu'à raconter, mais on ne saurait assez se défier de ces accusations passionnées dictées par les haines religieuses les plus violentes, que cet étrange patriarche, viveur intrépide, tenait, le verre en main, raison à Michel basileus et que Michel auguste ayant avalé en un festin cinquante coupes de vin, Photius l'ayant défié, en but dix de plus sans perdre l'esprit.

Tandis que la Cour et l'Église s'unissaient en un commun scandale, dans l'île des Térébinthes, Ignace supportait avec résignation le plus dur exil. Il manquait de tout; c'est à peine s'il parvenait à ne pas mourir de faim, et les moines de l'île, redoutant la colère impériale, n'osaient lui venir en aide, car Byzance et la plupart des grandes villes de l'empire retentissaient des cris de douleur de tous ceux qui persistaient à ne pas abandonner le malheureux prêtre. De l'empereur, du césar Bardas et du nouveau patriarche, c'était à qui les ferait condamner aux plus durs travaux, fouetter publiquement, mutiler ou jeter dans des cachots sans nom.

La sereine résignation d'Ignace exaspérait ses trois persécuteurs. Un jour on s'avisa que l'îlot des Térébinthes était une trop douce geôle. On en retira le patriarche pour le mettre sous la garde d'un homme cruel, Léon Lalacon, domestique du corps des *Numeri*, soldats de la garde.

Alors commença pour le malheureux un incessant voyage de cachot en cachot ; jamais sa prison ne paraissait assez affreuse ; toujours son bourreau espérait le forcer par les tortures et les privations à signer cette démission que le Palais s'obstinait à exiger et que le saint homme se refusait à donner avec un entêtement tout au moins admirable. Lalacon le transféra d'abord à l'extrémité septentrionale du Bosphore, sur la côte d'Asie, à ce célèbre promontoire d'Hiéréion si fameux dans les fastes du détroit, au pied duquel était établie la douane impériale pour les régions du Pont et de la mer Noire.

Ce coin de terre, si pittoresquement couronné par le château ruiné connu de tous les habitants du Bosphore, était au IXe siècle, malgré sa proximité de la capitale, un vrai pays perdu, déjà presque en pleine sauvagerie. En dehors des rudes douaniers impériaux et des soldats de la garnison, ses seuls habitants étaient alors comme aujourd'hui, des chevriers aussi incultes, aussi parfaitement sauvages que leurs frères plus éloi-

gnés des rives du Pont ou des hauts plateaux
d'Arménie. Là, sur ce rocher superbe, qui semble fermer le détroit, et d'où l'œil encore plein
des gracieux paysages du Bosphore plane soudain
avec un étonnement mêlé d'effroi sur l'immense
et triste panorama de la mer de Scythie et de
ses côtes solitaires, là, dis-je, les hommes
avaient élevé une forteresse dès les âges les plus
reculés, car le Hiéréion fut de tout temps considéré à la fois comme un lieu consacré au culte
des dieux et comme la clef même du Bosphore.
A la forteresse hellénique, puis romaine, avait
succédé longtemps avant le IXe siècle un château
byzantin qui avait bravement résisté aux assauts
des Huns, des Sarrasins, des Petchenègues, des
Varègues et de tant d'autres féroces enfants
de la steppe. Beaucoup plus tard il fut conquis
par les Génois. Ses ruines poétiques dominent
encore aujourd'hui le plus pittoresque peut-être
des villages turcs du Bosphore, l'ombreux Anadouli Kavak, aux platanes énormes, aux sycomores centenaires.

C'est en ce lieu grandiose que l'eunuque pontife, arraché à sa cellule d'Andérovithos, fut jeté par ses gardes dans une étable à chèvre ; on l'y laissa de longs mois en plein hiver, demi-nu, enchaîné, mourant de faim. Chaque jour Lalacon le frappait et le couvrait d'injures. On croit rêver en songeant que ce prisonnier tant abreuvé d'ignominies, était le chef de l'Église établie, et que ceci se passait à quelques heures de la ville la plus civilisée, rendez-vous des philosophes et des lettrés de tout l'ancien monde.

Bientôt de nouveaux ordres arrivèrent du Palais. Ignace, tiré de son étable, fut ramené à Prométon, plus près de la capitale, où on lui avait préparé un nouveau cachot. Comme l'obstiné pontife se refusait encore à abdiquer, Lalacon le fit battre si terriblement qu'il fut près d'en mourir, puis on le précipita absolument nu, chargé de chaînes énormes qui lui ulcéraient les membres, dans un caveau glacial ; il y demeura quinze jours sans presque recevoir de nourriture ; rien ne put vaincre sa fermeté.

Tant de tourments finirent par émouvoir même le clergé de Byzance. Quelques prélats plus courageux se réunirent en synode et osèrent prononcer l'anathème contre Photius et contre eux-mêmes, au cas où, par peur, ils viendraient à le reconnaître pour patriarche. L'agitation était au comble. Photius exaspéré assembla un antisynode qui tint ses séances dans l'Église des Blachernes. Soutenu par l'empereur, il y fit à nouveau formellement déposer Ignace. Le malheureux fut anathématisé pour avoir refusé d'abdiquer, et avec lui tous les prélats qui avaient protesté en sa faveur. Tous furent réunis dans la prison du corps de garde des *Numeri*, terrible cachot où ils piétinaient dans une boue glaciale. Par dérision on leur amena Ignace; mais bien loin de les désoler par son piteux aspect, l'audacieux confesseur les releva par ses paroles enflammées. Aussitôt on l'embarqua de nouveau, cette fois pour Mytilène, dans cette île riante de la mer Égée où avaient gémi déjà bien d'autres victimes, où l'impératrice

Irène avait expiré, un demi-siècle auparavant.

Cependant Rome commençait à inquiéter Photius. Le patrice Arshavir, oncle de l'empereur, les évêques d'Amorium, de Chonæ et deux autres prélats, furent députés au Pape, avec des présents et des lettres de l'anti-patriarche et de l'empereur, lettres fort humbles, présentant sous un jour faux la démission d'Ignace et l'élévation de son successeur. La chaire de saint Pierre était occupée par un pontife remarquable, le pape Nicolas ; il ne voulut conclure qu'après information et se plaignit qu'on eût osé déposer Ignace sans le consulter, et cela pour le remplacer par un simple laïque. Il envoya deux légats à Constantinople, Zacharie et Rodoald, chargés de le renseigner. Ceux-ci furent reçus comme on savait recevoir à Byzance ; à mi-chemin on leur envoya des présents ; puis, comme ils tenaient bon, on leur fit peur ; ils furent séquestrés à leur arrivée à Constantinople, gardés à vue, mis dans l'impossibilité de poursuivre leur enquête, menacés enfin des dernières ri-

gueurs. Leur résistance se maintint huit mois ;
enfin ils cédèrent, se déclarant convaincus de la
bonté de la cause de Photius. Aussitôt celui-ci
prépara la réunion du nouveau concile qui
devait assurer son usurpation d'une manière
définitive. Ignace fut ramené de Métélin à l'île
des Térébinthes, pour y être à la disposition de
ses juges. Cette fois on lui donna pour gardien
Nicétas Oryphas, drongaire de la flotte impériale,
qui, pour faire sa cour à Michel et à Photius, le
tourmenta de mille manières, renchérissant sur
tous ses prédécesseurs.

Le concile réuni par Photius s'ouvrit à l'église
des Saints-Apôtres, en présence de l'empereur
et des légats pontificaux si criminellement
gagnés. Trois cent dix-huit prélats y figurèrent.
Ignace comparut devant eux comme un criminel.
Ce fut un des grands scandales de l'Église, et
le jugement du prétendu coupable ne fut qu'une
longue dérision. Bardas tua presque à coups
d'épée le métropolitain d'Ancyre, qui avait fait
des remontrances à l'empereur sur la manière

dont il injuriait l'accusé. Soixante-douze faux témoins affirmèrent que jamais Ignace n'avait été ordonné légalement. La lettre du pape Nicolas fut lue après qu'on en eut retranché tout ce qui était favorable à l'ex-patriarche. Celui-ci ayant refusé jusqu'au bout de se démettre, fut ignominieusement déposé à nouveau et les légats apposèrent leur signature au bas de cet acte honteux.

Cependant, même armé de cette sentence, Photius redoutait encore la colère du pape, et voulait à tout prix obtenir l'abdication directe d'Ignace, signée de la main même du courageux martyr. L'empereur et lui résolurent de recourir de nouveau à la torture. Cette fois, le malheureux fut enfermé nu dans le caveau funéraire de l'empereur Constantin Copronyme, mort près d'un siècle auparavant. Ignace était atteint d'une dyssenterie violente, suite des atroces tourments qu'il supportait depuis si longtemps ; on le laissa quinze jours dans cette fosse, sous la garde de trois misérables dont l'histoire a retenu les noms. Ils avaient ordre de torturer leur prisonnier jusqu'à ce qu'il cédât. L'imagination recule devant la fertilité d'invention de ces bêtes féroces. Parfois ils étendaient leur prisonnier sur la pierre glaciale sous la pluie et le vent, ou bien le plaçaient sur le haut du sarcophage dont le couvercle faisait arête, suspendant de lourds poids à ses pieds ; il restait des nuits entières sur ce chevalet ; on ne le laissait ni manger, ni dormir. Enfin, quand il fut presque agonisant, ses bourreaux lui firent apposer de force une croix au bas d'un acte de renonciation par lequel il se déclarait indigne, usurpateur et à jamais déshonoré.

Après cette dernière infamie, Ignace, mis provisoirement en liberté, n'en profita que pour s'efforcer d'obtenir justice. Aidé par quelques amis courageux il parvint à expédier à Rome un émissaire secret. Mais Photius voyant à quel adversaire obstiné il avait à faire, obtint de l'empereur qu'il serait saisi à nouveau, et qu'aussitôt après la formalité de la déposition prononcée en présence de tout le peuple aux Saints-Apôtres, le jour de la Pentecôte, il aurait les yeux crevés et la main tranchée. La nuit avant le jour fixé pour cette tragédie, des soldats environnèrent silencieusement la maison où Ignace avait trouvé un refuge. Par hasard, ils furent aperçus de quelques serviteurs qui se précipitèrent pour avertir leur maître. Celui-ci eut encore la présence d'esprit de se déguiser. Sous le costume d'un mendiant, un lourd fardeau sur les épaules, il passa, courbé, à travers les soldats qui ne le reconnurent point dans les ténèbres et gagna le rivage d'où une barque le transporta dans les îles sauvages de la Propontide, non loin de la presqu'île de Cyzique. Là, ce fils d'empereur, ce patriarche de Constantinople, dont l'incroyable énergie semblait grandir à chaque calamité nouvelle, mena la vie du plus misérable proscrit, traqué comme une bête fauve, passant d'une île à l'autre, dormant dans les fourrés, les grottes, vivant d'herbes et de fruits, de quelques misérables aumônes secrètement données, passant ses jours et ses nuits à fuir les soldats qui le pourchassaient.

Cette persécution sans précédent soulevait à Byzance des murmures inouïs. Des tremblements de terre qui durèrent plusieurs semaines, furent interprétés par le peuple comme une marque de la colère divine. D'intrépides confesseurs proclamèrent publiquement que Dieu soulevait les éléments contre les bourreaux d'Ignace. L'agitation populaire habilement entretenue par les prélats demeurés fidèles, par tout un peuple de caloyers fanatiques, qu'enflammaient d'indignation la conduite et les excès de l'empereur et de Photius, prit des proportions telles que la cour s'en effraya. Michel et Photius s'engagèrent à ne point sévir contre Ignace, s'il rentrait à Constantinople. Cet homme, qui ne connaissait pas la peur, revint aussitôt et alla se loger dans un des monastères des îles des Princes.

Des années se passèrent. Le pape Nicolas, qui avait châtié ses légats infidèles, montrait une activité infatigable à rétablir Ignace dans son siège. Il écrivait lettres sur lettres au basileus. Un concile d'évêques occidentaux excommunia l'empereur et Photius avec tous leurs adhérents et déclara Ignace rétabli dans sa charge. Le meurtre de Bardas, son plus mortel ennemi, en avril 866, ne procura guère de soulagement au malheureux patriarche. Il resta en proie à la haine mortelle de Photius et à la tyrannie de Michel, cette brute couronnée, qui, d'un revers de main, cassait les dents à l'évêque de Crète, parce que celui-ci lui reprochait ses débauches, et qui faisait déterrer les cadavres de ses ennemis pour les faire battre et brûler publiquement. Photius avait, du reste, fini par jeter le masque; rompant ouvertement avec Rome, il avait osé attaquer plusieurs usages de la cour pontificale, mettre en doute la fameuse addition du *filioque*, et répondre à l'anathème de Nicolas par une autre excommunication en forme, à la suite de laquelle il avait solennellement déposé le pape. Le grand schisme d'Orient, déjà commencé par les incessantes disputes entre les empereurs et les papes, éclatait dans toute sa violence. Toutefois, un événement tragique vint brusquement mettre un terme momentané à tant de scandales. Le 23 septembre 867, Michel, à trois heures de nuit, fut massacré dans l'église suburbaine de Saint-Mamas par ordre de l'accubitaire Basile, qu'il s'était donné comme collègue une année auparavant.

Le nouveau basileus qui devait fonder l'illustre dynastie des empereurs macédoniens, élevé au trône par le meurtre de son triste bienfaiteur, n'eut de repos que lorsque toutes les créatures de Michel eurent été châtiées, Dès le lendemain de son avènement, Photius fut déposé et enfermé dans un monastère, pendant que le drongaire Élie allait chercher sur la galère impériale Ignace qu'il ramena en triomphe de l'île des Térébinthes au Palais Sacré. Le 28 novembre de cette même année, dix jours après la mort de l'énergique pape Nicolas, presque dix ans jour pour jour après la première déposition d'Ignace, le grand martyr fut solennellement réintégré dans sa charge. Photius et ceux de son parti qui ne s'étaient pas repentis furent frappés d'interdiction par le huitième concile œcuménique réuni à cet effet. Cette affaire de la déposition du fougueux adversaire d'Ignace fut un des épisodes les plus longs et les plus dramatiques du grand schisme qui troublait l'Église et qui armait l'Orient contre Rome. Du fond de sa prison Photius agitait tout l'empire encore plein de ses partisans. Plus de trois cents évêques séduits par son incontestable talent se déclaraient en sa faveur. Le concile tint sa première séance le 5 octobre 869, en présence des légats du pape Adrien, successeur de Nicolas, aussi fermement résolu à soutenir Ignace. Photius dut être amené de force ; ses réponses, lorsqu'il consentit à en donner, excitèrent l'indignation universelle : « Mes justifications ne sont pas de ce monde, dit-il à la cinquième séance, si elles y étaient manifestées, vous auriez d'autres lumières. » Il fut excommunié par les Pères après avoir persisté dans son hérésie avec ses partisans et dit anathème à ses juges dans la septième séance. Le concile se sépara le 28 février de l'année suivante, jour de sa dixième et dernière séance, dans laquelle, en présence des autocrators Basile et Constantin son fils, et de Boris, tzar des Bulgares, le titre d'empereur fut refusé aux rois des Francs, successeurs de Charlemagne, dont les ambassadeurs étaient présents. Le huitième concile publia vingt-sept canons de discipline, dont un « ordonne aux évêques de respecter leur dignité et de ne pas l'avilir en l'abaissant devant des courtisans. »

Il me reste à dire ce que devinrent ces deux hommes, dont la longue querelle avait agité si violemment l'empire. Le dénouement est bien fait pour étonner le lecteur peu au fait des incroyables révolutions de l'histoire de Byzance. Lorsque Ignace mourut, épuisé par tant de souffrances, le 23 octobre 878, après avoir achevé la construction de l'église de l'archange Michel élevée par lui, probablement en souvenir de son long exil sur la côte de Bithynie, en face de l'île des Térébinthes, ce fut Photius qui lui succéda au bout de trois jours. Il avait réussi à capter par sa merveilleuse souplesse l'esprit de l'empereur Basile. Il gouverna par la séduction et la terreur, se fit reconnaître par le pape Jean VIII, qui leva les anathèmes prononcés contre lui et lui accorda la communion. Un concile de trois cent quatre-vingt-treize évêques, tout à la dévotion de cet étonnant personnage, le déclara innocent des accusations prononcées contre lui, et, dans les acclamations qui le terminèrent, le nom de Photius fut placé avant celui du pontife de Rome; c'est ce concile que l'Église grecque honore du nom de huitième concile général, ne reconnaissant point pour canonique celui qui avait condamné Photius en 869. A l'avènement de Léon VI, en l'an 886, celui-ci fut de nouveau déposé et relégué dans un monastère où il vécut encore cinq années. Il avait été anathématisé par neuf papes de Rome, depuis Léon IV jusqu'à Formose. Sa mort marqua la fin d'une situation intolérable qui durait depuis trente années.

Constantin, fils de Romain Lécapène, qui avait si puissamment contribué à la déposition de son père, a été, après saint Ignace, le plus illustre exilé de ce rocher d'Andérovithos. J'ai dit comment, le 27 janvier 945, après trente-neuf jours de règne, les deux fils de Romain avaient été, eux aussi, enlevés de force, par l'ordre de leur beau-frère l'empereur Constantin, rasés, faits moines et transportés en exil. Après leur dramatique entrevue avec leur père au couvent de Proti, les deux princes furent séparés; Constantin fut déposé à Andérovithos, et le monde byzantin eut ce spectacle bizarre de deux majestés, dont l'une avait renversé l'autre, avec ceci de particulièrement tragique qu'il s'agissait du père et du fils, assises chacune, dans la robe du moine, sur un rocher du petit archipel des Princes, surveillant Constantinople d'un œil inquiet pour y saisir l'indice de la révolution tant désirée qui pouvait les replacer sur le trône, épiant la mer pour y chercher la barque qui devait amener dans la cellule voisine le vainqueur d'hier tombé à son tour, ou peut-être aussi qui portait le bourreau envoyé du Palais Sacré pour leur crever les yeux.

Le moine Constantin séjourna peu à l'île des Térébinthes. Bien qu'il eût pris une moindre part à la chute de leur père, il se montra dans la suite plus agité que son frère Étienne et supporta plus péniblement sa captivité. Par ordre de Constantin Porphyrogénète, on le déporta bientôt à Ténédos, en face des rives troyennes; mais il semble que l'impérial caloyer ait là encore donné des sujets d'inquiétude à ses geôliers, car il fut, cette même année, expédié à Samothraki sur la côte de Thrace, dans cette île sauvage et presque déserte, où M. Champoiseau vient de retrouver le piédestal gigantesque en forme de proue de la superbe Victoire, jadis rapportée par lui à la salle des Cariatides du Louvre. Dans cette nouvelle résidence, Constantin ne cessa de chercher à fuir. Plus étroitement surveillé après chaque tentative, probablement fort maltraité par ses gardiens, il fut pris de désespoir, et dans une évasion plus folle que les autres, tua le spathaire Nicétas, chef de ses geôliers. Il fut aussitôt massacré. Sa captivité n'avait pas duré deux ans. Son beau-frère lui fit faire des funérailles magnifiques dans le monastère que son père, l'empereur Romain, avait fondé, et où sa première femme, Hélène, avait été ensevelie.

XV

Lorsqu'on écrit l'histoire des îles des Princes, il est impossible de ne pas mentionner les deux rochers de Plati et d'Oxya, sentinelles détachées de cet archipel charmant. Situées à une assez grande distance vers la haute mer, à l'ouest et un peu au nord d'Antigoni et de Proti, ces deux îlots, véritables récifs perdus au milieu des flots bleus de Marmara, sont bien connus des voyageurs et de tous les habitants de la capitale. Leurs silhouettes isolées en pleine mer attirent le regard et constituent un détail caractéristique à l'horizon de tous les points de vue des environs de Constantinople. De tous les sommets des rives du Bosphore, de toutes les hauteurs de la vieille Byzance, l'œil qui suit la ligne bleuâtre des flots de la Propontide, aperçoit par delà Scutari et Kadikeuï, se profilant sur l'azur du ciel, le bas rocher de Plati et la pyramidale Oxya dont le nom grec indique la forme générale. Rien de plus différent que ces deux îles sœurs. Autant Oxya (la pointue) s'élève comme un pic aigu au-dessus de la mer et montre à tous les yeux son cône argenté, autant Plati (la plane), basse, allongée, s'efface facilement dans la brume, lorsque l'horizon est obscur, ou bien se noie dans un poudroiement de lumière, lorsque les rayons du soleil dorent violemment la vaste nappe liquide ; alors la blanche Plati, sans relief et sans contours bien arrêtés, disparaît sur ce fond reluisant ou sombre, et c'est avec attention qu'il faut rechercher le trait délicat qui l'estompe vaguement.

On va peu à ces deux îlots perdus. De l'archipel des Princes des touristes s'y rendent parfois en caïques de grandes dimensions, mais les gens prudents y regardent à deux fois avant de se lancer dans une entreprise que le moindre saut de vent pourrait rendre périlleuse. Le mieux est de gagner Plati en mouche à vapeur; on y peut aborder dans le port microscopique construit par sir Henry Bulwer. De là, un caïque de pêche vous transporte facilement à Oxya, où il n'y a pas de port et où la chaloupe ne pourrait accoster qu'à grand'peine. C'est au printemps une excursion charmante. Les côtes d'Europe et d'Asie, cet admirable panorama de l'entrée de la mer de Marmara, étincellent de toutes parts au soleil; les flots sont d'une transparence sans égale; des bandes de dauphins d'une agilité incroyable précèdent la chaloupe et fendent les eaux qui retombent sur eux en cascades irisées.

Oxya se présente la première. Ce grand et beau rocher n'a que quelques centaines de mètres de tour. Partout, sauf vers l'orient, ses abruptes falaises s'élèvent presque perpendiculaires du milieu des vagues qui, au moindre vent, déferlent avec fureur. Ces immenses parois rougeâtres se dressent à pic, formant une fière pyramide dominée par un plateau très étroit. Du côté de l'orient, sur la rive regardant Constantinople, quelques mètres carrés de sable fin, dominés par de vieux pans de murailles, sont le seul point par où l'île, aujourd'hui déserte, soit abordable. Aux temps byzantins, lorsque des moines ou des prisonniers d'État habitaient cet îlot perdu, ce petit espace resserré entre les falaises constituait le port, la marine d'Oxya. Au fond de cette plage en miniature, sous la paroi de rochers, les ruines à moitié écroulées d'une antique chapelle, quelques murs de soutien encore debout, indiquent l'emplacement du couvent d'Oxya fréquemment mentionné par les chroniqueurs. Un sentier tracé par les pêcheurs et les dénicheurs d'oiseaux, grimpe au sommet de l'île par de vertigineux lacets suspendus sur ce flanc oriental moins abrupte et parsemé d'une végétation maigre et basse. Le plateau terminal offre quelques fragments informes, vestiges eux aussi chaque jour s'amoindrissant de quelque construction pieuse, chapelle, oratoire ou cellule de cénobite, peut-être aussi de quelque tour guerrière destinée à prévenir la capitale de l'approche des galères de Venise, de Gênes, ou du Grand Seigneur. J'ai dit que l'île est déserte aujourd'hui. Ses seuls habitants sont d'innombrables oiseaux de mer, dont les bandes, blanches ou noires, animent de toutes parts ces vastes surfaces rocheuses. A notre approche, ces milliers d'hôtes sauvages s'envolent en poussant des cris et vont reformer à distance leurs bruyants bataillons. Souvent quelque caïque de pêche, par les temps calmes, se glisse traîtreusement au pied des hautes falaises et poursuit les poissons sans nombre qui viennent chercher la paix dans ces anses abritées.

Plati, située un peu plus à l'ouest, offre un aspect différent. C'était aussi, il y a peu d'années, un îlot désert où l'on déportait de Constantinople les chiens et les chevaux malades qui achevaient de mourir sur ce rivage misérable. Une pauvre végétation recouvrait le sol sec et pierreux. Près de l'extrémité occidentale, on distinguait les assises d'une petite église byzantine et les ruines d'un monastère. A l'angle opposé, qui se dresse en promontoire en face d'Oxya, se voyaient quelques autres débris de constructions médiévales qui subsistent encore. Le caprice bizarre d'un grand seigneur anglais a depuis lors momentanément transformé cette solitude. Sir Henry Bulwer, un des ambassadeurs de sa Majesté Britannique dont le souvenir est pour bien des raisons demeuré très vivant aux rives du Bosphore, attiré par le charme de cet isolement aux portes de la capitale, s'avisa, il y a une quinzaine d'années, de métamorphoser l'aride Plati. Deux vastes constructions s'élevèrent comme par enchantement. Une sorte de château moyen âge, se dressa à l'extrémité occidentale, en face du plus merveilleux panorama des côtes d'Asie. Cet édifice bizarre, triomphe du plus horrible mauvais goût, fut construit sur l'emplacement même du monastère byzantin dont les derniers restes ont disparu à cette occasion ; seules les fondations du petit oratoire, parsemées de chapiteaux et de fûts de colonnes, se distinguent au-dessus d'un port minuscule, abrité par quelques roches polies par les vagues. Au centre même de l'île s'élève un second bâtiment ou plutôt un amas de bâtiments plus hideux encore. C'était la maison d'habitation principale du diplomate anglais, moitié ferme, moitié villa, achevée en 1854. Toute la portion abritée de l'île fut couverte de plantations. Des sommes considérables furent enfouies dans ce rêve d'une imagination malade. Là où le plus modeste pavillon de plaisance eût été mille fois préférable, on éleva des constructions immenses, décorées d'un luxe de pacotille.

Bientôt la lassitude survint. Le capricieux ambassadeur trouva la charge lourde, et l'îlot de Plati et ses constructions furent cédés au vice-roi d'Égypte, à la suite d'un marché fameux. Sir Henry Bulwer dut quitter Constantinople et mourut sans avoir revu son pauvre castel insulaire. Aujourd'hui le gouvernement khédivial a bien trop d'embarras sur les bras pour s'occuper de l'humble Plati. Le malheureux rocher offre le spectacle du plus navrant abandon. La dernière pierre de tant d'édifices n'avait pas été posée que la décrépitude survint; ces bâtiments, qui n'ont pas trente ans d'âge, tombent en ruines. Les orties et les ronces sont les seules plantes des parterres. Les chauves-souris et les oiseaux de nuit hantent les salons délabrés. Dans la cour de la grande villa, encombrée de débris vulgaires, chaos indescriptible, notre joyeux pique-nique semblait quelque repas fantastique dans un château de la Belle-au-bois-dormant, fait comme un décor de théâtre. Les intendants de Sa Majesté Égyptienne, pauvres diables affamés qui vivent de la pêche et de la culture de quelques mètres carrés de mauvaise terre, nous considéraient d'un œil d'envie, attendant notre départ pour se précipiter sur les reliefs du festin et les dévorer tout à l'aise dans la « library » aux rayons poussiéreux et vides, pièce un peu moins dévastée où ils ont élu domicile.

Toutes petites, toutes perdues qu'elles soient dans l'immensité des flots, si bien qu'auprès d'elles Prinkipo et Halky semblent des continents, Oxya et Plati ont joué un rôle dans l'histoire de Byzance. Tantôt asiles de pieux cénobites, tantôt repaires de pirates dangereux, plus souvent, comme leurs sœurs aînées, séjour de prisonniers d'État, ces îlots, simples taches perdues dans la mer, sont fréquemment mentionnés dans les chroniques byzantines. Dès les débuts de l'empire d'Orient, dès le triomphe définitif de la Croix, des ermites, des solitaires de tous ordres, peuplèrent ces rochers; puis d'humbles couvents s'y établirent, sombres demeures d'ascètes à la dure existence, qui venaient sur ces quelques pieds de terre de toutes parts assiégés par les flots, rêver de l'existence future ou expier les crimes de leur vie passée. A travers mille vicissitudes, mille ruines, ces couvents de dimensions restreintes, mais sans cesse repeuplés, se maintinrent jusqu'à la conquête musulmane qui en fit un amas de décombres, massacrant les moines, jetant bas leurs pauvres demeures.

Dans Oxya, il y avait une église très vénérée, dédiée à l'archange Michel « le chef suprême des nuées célestes » le grand patron du Bosphore et de tous les rivages avoisinant Constantinople. On y avait adjoint une de ces maisons d'orphelins desservies par des moines, un de ces *orphanotrophia*, gloire de Byzance, note touchante de charité chrétienne qui étonne au milieu de bien de cruautés. Ce sont les ruines de cette église, une portion d'abside qui va s'écroulant chaque jour, qu'on distingue encore au seul point de l'île où l'on puisse aborder. Quelques pans de muraille marquent l'enceinte de l'orphelinat byzantin et du couvent qui lui était annexé. Il y a peu de temps, ces ruines intéressantes étaient beaucoup plus considérables. Suivant les uns, elles auraient servi de cible aux navires de guerre ottomans allant faire l'exercice à feu ; suivant d'autres, le sultan les aurait fait détruire, parce qu'elles servaient de lieux de rendez-vous et cachaient, à certains jours, les amours sacrilèges des belles cadines venues en parties de plaisir dans leurs caïques de gala, et des *giaours* audacieux en quête d'aventures. L'histoire est fausse ou sans doute amplifiée, mais ce lieu solitaire et poétique était certainement propice à ces téméraires équipées. Il y avait encore à Oxya, au dire des chroniqueurs, un petit oratoire célèbre, bâti par le patriarche Anastase. Il est probable qu'il devait s'élever sur le sommet de l'îlot.

Plati fut un lieu d'exil et de torture très à la mode à Byzance, un *carcere duro* redouté entre tous les innombrables lieux de déportation voisins de la capitale. De vastes chambres souterraines taillées dans le roc constituaient ces horribles prisons. On y jetait par un orifice à fleur de sol les malheureux condamnés à cette mort vivante; c'était par là qu'on leur donnait leur pâture. Ces caveaux, dont l'origine première remonte probablement à l'époque hellénique, existent encore et leurs orifices béants se voient à quelques pas de la villa Bulwer. Le nouveau propriétaire les avait un moment transformés en caves. Aujourd'hui, ils sont à demi comblés par des débris de toutes sortes. Là furent enfermés maints prétendants, maints personnages gênants. Cet exil sur ce rocher battu des vents en hiver, brûlé par le soleil en été, était considéré comme plus affreux même que la déportation dans les solitudes de l'aride Proconèse. La garde des prisonniers était confiée à de grossiers soldats, le plus souvent des barbares, et les infortunés étaient littéralement à leur merci. Ce fut dans ces oubliettes de Plati, que l'empereur Constantin VIII exila le patrice Basile Bardas, fils de Romain Scléros. Ce personnage fort considérable, proche parent de la famille impériale par son mariage, avait eu un violent différend avec le bulgare Prusien, magister et stratège du thème des Bucellariens, l'ancienne Galatie. Les deux adversaires, tous deux très illustres dignitaires, estimèrent qu'un combat singulier pouvait seul terminer leur querelle; ils se battirent en duel, ce qui était une nouveauté à Byzance, car ce premier jugement par les armes entre sujets grecs fut un grand événement. Jusqu'alors les seuls barbares s'étaient avisés de vider ainsi leurs querelles. Le scandale des dévots fut extrême ; l'Église réclama et l'empereur, comme plus tard Richelieu, crut devoir sévir contre les deux patrices. Par une ironie cruelle Basile fut déporté à Oxya, et Prusien à Plati. Les deux rivaux, séparés par un mince bras de mer, purent se voir d'une île à l'autre, savourant chacun cette amère consolation que le sort du voisin n'était pas meilleur. Cette aventure eut une issue tragique, comme c'était si souvent le cas à Byzance. Scléros, soit qu'il eût tenté de s'évader, soit qu'il eût été calomnié en haut lieu, excita la colère de l'empereur, qui lui fit crever les yeux. Poursuivant son système de compensation, Constantin ordonna de faire subir le même traitement au bulgare, mais le prisonnier de Plati, plus heureux que son rival, parvint à fuir.

En 1412, une bataille navale entre Turcs et Byzantins s'engagea tout auprès de Plati. Il y avait un an que le nouveau sultan Mousa, meurtrier de son frère Soliman, avait été couronné à Brousse. Le terrible dévastateur avait passé en Serbie et, pour se venger de la défection de quelques contingents serbes, avait horriblement ravagé cette vaste province. A un festin qu'il donna à ses officiers, les cadavres des vaincus, amassés par monceaux, servirent de tables et de sièges. Puis le sultan alla assiéger Thessalonique où s'était réfugié son neveu Orkhan, fils de Soliman; il prit la ville et fit crever les yeux au jeune prince. C'est à ce moment qu'eut lieu la bataille de Plati. Ce fut un grave échec pour les Ottomans; leur flotte fut détruite par les chrétiens sous le commandement de Manuel, bâtard du dernier empereur Jean Paléologue. Cette gloire inattendue inspira une si violente jalousie à l'empereur régnant, Manuel, frère de l'heureux capitaine, que, pour toute récompense, il condamna celui-ci et ses enfants à la prison perpétuelle. Ils ne sortirent de captivité qu'à la mort de leur bourreau, treize ans après.

Cette défaite n'arrêta point Mousa; il vint attaquer Byzance qui eût succombé si le prince turc n'eût été rappelé par la révolte de son autre frère Mohammed, révolte qui lui coûta la vie. Il mourut dans un fossé où il perdit tout son sang. Suivant d'autres, il fut étranglé.

J'ai dit qu'à l'extrémité occidentale de Plati, les assises de la vieille église conventuelle se distinguaient encore près du petit port et du château de sir Henry Bulwer. Les débris insignifiants situés à la pointe opposée de l'île, du côté d'Oxya, seraient, d'après le patriarche Constantios, ceux d'une vieille tour jadis habitée par les gardes des prisonniers, et qui fut abattue, il y a quelques années, parce qu'on espérait y trouver un trésor.

L'ÉGLISE

ET

LE PALAIS DES BLACHERNES

LA GRANDE MURAILLE DE BYZANCE

I

Le 4 mai 1879, nous quittions en savante compagnie les hauteurs de Péra pour descendre aux rives de la Corne-d'Or; nous devions visiter l'emplacement où s'éleva jadis le célèbre palais impérial des Blachernes et longer ensuite la grande muraille qui, depuis quinze siècles, défend Stamboul du côté de la terre. Le docteur Paspati, le parfait connaisseur de la Byzance du moyen âge, le savant auteur du premier ouvrage[1] écrit sur les ruines de la capitale des empereurs grecs suivant les préceptes et les croyances de la critique moderne, avait bien voulu nous servir de guide.

L'aimable érudit consentait à nous consacrer cette journée pour nous faire parcourir une des portions les moins connues et les plus intéressantes de cette immense enceinte, portion dont il est parvenu à reconstituer à peu près la topographie médiévale, grâce à d'innombrables et fatigantes visites en ces quartiers perdus. Nous étions cinq, tous animés de la ferveur des choses de Byzance, tous impatients de parcourir ces lieux presque ignorés aujourd'hui, témoins durant dix siècles et plus de tant d'événements fameux et si fréquemment cités par les chroniqueurs grecs ou francs.

Descendus au grand pont de bois de la Valideh-Sultane, voie unique au monde, où fourmille cette cohue bariolée, fidèle image de l'empire

---

1. A.-G. Paspati, *Études byzantines topographiques et historiques* (en grec). Constantinople, 1877.

turc, formé de cent races diverses, cohue dont le caractère pittoresque s'en va, hélas! diminuant chaque jour, nous nous embarquons sur un de ces chétifs et malpropres bateaux à vapeur qui desservent la Corne-d'Or et touchent à de nombreuses échelles avant d'atteindre le cimetière d'Eyoub, leur étape dernière. Nous longeons le Phanar célèbre, faubourg Saint-Germain d'un genre à part, antique pépinière de hospodars et d'hommes d'État, où circule encore le plus pur sang de la vieille Byzance, d'où sont sortis les plus opulents de ces banquiers grecs, dont la patriotique générosité est devenue quasi-proverbiale. Débarqués à l'échelle de Balat, nous traversons cet interminable ghetto où les juifs de Stamboul, descendants dégénérés d'une race qui avait presque su se faire respecter sous les premiers sultans, cachent leur étonnante saleté et leur ignorance plus extraordinaire encore.

Le docteur Paspati nous désigne une humble mosquée qui fut une église byzantine illustre, sous le vocable des saints Marc et Pierre; là fut, d'abord et pour un temps, pieusement conservé le vêtement de la Vierge, l'*Himation* ou *Maphorion*, rapporté au ve siècle, de Jérusalem, par les patriciens Galvius et Candidus; là fut tenu par les chefs de la défense un des derniers conseils de guerre qui précéda la chute de Byzance. Dans l'antique péribole du temple, au milieu de la ruelle, entre deux masures, gît un vaste bassin de pierre; c'est un de ces fonts baptismaux gigantesques, dans lesquels les rois barbares et leurs peuples convertis par les missionnaires de Byzance venaient, aux premiers siècles de l'empire, abjurer leurs erreurs et recevoir la consécration de la foi nouvelle.

II

Le district de Haïvan-Seraï, que nous visitons en ce moment, correspond exactement à l'ancien et célèbre quartier des Blachernes, un des buts principaux de notre excursion; ici même, dans cet angle resserré entre la Corne-d'Or et cette portion de la grande muraille de terre qui fut construite par l'empereur Héraclius, s'élevaient le grand palais byzantin des Blachernes, Blaquernes ou Blakernes, et la fameuse église de ce nom, à chaque page mentionnés par les chroniqueurs. Déjà le quartier voisin de Balat (*Palatium*) rappelle par son nom l'existence de la demeure impériale. Nous avons pénétré dans Haïvan-Seraï par l'emplacement de l'ancienne porte du Chasseur (*tou Kynigou*), celle qui livrait passage au basileus byzantin et à sa suite, quand il allait, en grand appareil, poursuivre la bête fauve à travers l'immense forêt de Belgrade. Un bas-relief est ici enclavé dans la muraille; il représente une Victoire mutilée, d'un art en pleine décadence, mais avec quelque vigueur encore dans l'exécution des plis du vêtement.

Le terrain s'élève rapidement en s'écartant de la rive. Franchissant une porte de pauvre apparence, nous pénétrons dans un vaste et riant jardin tout resplendissant d'une verdure printanière, tout embaumé de mille senteurs délicieuses, contraste subit et charmant avec les quartiers immondes que nous venons de parcourir. Au fond, parmi les cyprès et les platanes touffus, s'élève une chapelle moderne, construite au-dessus d'une source qui jaillit abondamment d'une crypte de construction fort ancienne; la paroi de la voûte est recouverte d'une fresque également moderne, fresque immense représentant la *Panagia* et l'enfant divin. Quelques pans de muraille recouverts de lierre, à demi écroulés, se dressent çà et là ; tout à l'entour de l'enceinte, les maisons turques montrent leurs toits rouges ou bruns au milieu des jardins de cyprès et cachent à notre vue la grande muraille d'enceinte qui s'élève à quelque distance.

Ce jardin, où se presse, aujourd'hui dimanche, la foule des fidèles, est situé sur l'emplacement même de la Très Sainte-Vierge des Blachernes, le sanctuaire le plus vénéré de l'empire ; c'est là que, pendant dix siècles et plus, la nation grecque tout entière et le peuple de Byzance, le plus dévot qu'il y eût au monde, sont venus adorer la *Panagia Blachernitissa*, patronne toute sainte et toute-puissante de l'immense capitale, image vénérable entre toutes.

Situé à la porte même du palais, l'église des Blachernes était devenue chapelle impériale ; c'était là que les empereurs, les impératrices et les innombrables dignitaires de cette cour incomparable allaient suivre les offices; dans la source sainte, *hagiasma*, qui sourd aujourd'hui encore de la crypte, se sont plongés tous les empereurs et toutes les impératrices, depuis la grande Pulchérie jusqu'à Constantin Dracosès. Il n'est peut-être pas un habitant de la capitale depuis le ve jusqu'au xve siècle, pas un voyageur venu à Byzance, qui n'ait fait un pèlerinage en ce lieu; nul sanctuaire dans l'immense empire des Porphyrogénètes n'était plus visité. C'était là qu'avait été définitivement déposée la robe indestructible, l'*Himation* ou *Maphorion* de la Vierge, ce vêtement fameux retrouvé en 469, sous le règne de Léon, chez une pieuse juive de Jérusalem et d'abord confié à l'église des Saints-Pierre-et-Marc, celui-là même que Romain Lécapène allant conférer avec le féroce Siméon, tsar des Slavons et des Bulgares, ne craignit pas de revêtir en guise de « cuirasse qu'aucun trait ne pouvait percer, la foi en la Vierge immaculée lui servant de casque. »

L'image de la Vierge des Blachernes était le talisman même de Constantinople; généralement représentée de face, les mains levées dans l'attitude consacrée de l'oraison, implorant son fils en faveur de sa chère et dévote capitale, la poitrine le plus souvent cachée sous un énorme médaillon représentant la tête du Rédempteur sous le nimbe crucigère, elle apparaît, dès le Xe siècle, sur une foule de monnaies impériales ; aucun type n'y figure plus communément dans la suite. Sur les rares et belles pièces d'argent de Constantin Monomaque, le dernier époux de l'impure Zoé, la *Panagia Blachernitissa* occupe en entier le champ du revers, avec son nom écrit en toutes lettres.

Sur les besants d'or de Michel Paléologue, vainqueur des Latins et restaurateur de l'empire, elle est représentée debout au milieu de la grande muraille de sa ville d'adoption ; les tours, les créneaux, bien que d'un dessin grossier, sont facilement reconnaissables ; les mains étendues de la divine *Théotokos* semblent vouloir les protéger à jamais contre toute nouvelle souillure des Latins barbares et schismatiques.

— Il en est des sceaux comme des monnaies; sur la face principale de ces bulles de plomb byzantines qu'on commence à peine à étudier sérieusement aujourd'hui, et dont tous, à Constantinople comme dans l'empire, depuis l'empereur jusqu'au simple particulier, se servaient pour sceller leur correspondance publique ou privée, il n'est pas de type pieux et consacré qui figure plus fréquemment que celui de la Toute Sainte des Blachernes.

On le voit, aucun édifice religieux ne tient une plus grande place dans la vie de Byzance, et si Sainte-Sophie, la *Grande Église*, était la tête même du monde religieux oriental, le siège du patriarcat orthodoxe, la Vierge des Blachernes était la chapelle de l'empereur, la demeure moins vaste, mais tout aussi riche et splendide, où résidait la sainte Image qui pouvait à son gré repousser l'envahisseur et maintenir Byzance intacte et sauve dans sa robe de pierre.

Sous le règne d'Héraclius, en 626, le terrible peuple des Avares, allié aux Perses de Chosroès, qui s'était emparé de Scutari en l'absence de l'empereur, était venu assiéger la Ville « gardée-de-Dieu ». C'était la première fois que les barbares attaquaient la capitale de l'empire d'Orient. Le péril était extrême et les Byzantins allaient succomber, mais le patriarche Sergius parcourut processionnellement les remparts avec son immense clergé, présentant à l'armée barbare « l'image terrible » de la Vierge des Blachernes. Les fils de la steppe détournèrent la tête, pleins d'effroi.

« Beaucoup périrent sous les traits d'un invisible archer. » Le dernier acte de ce drame fut extraordinaire. Le khagan ou prince des Avares, acharné à son but, voulut, du fond de la Corne-d'Or où il avait entassé tout son peuple sur des barques liées les unes aux autres, forcer le grand port des Byzantins et opérer sa jonction avec les Perses. Il éprouva un échec complet, trompé par les faux signaux que les Grecs substituèrent aux siens propres. On eut à la fois un combat visible et un combat mystérieux. « En effet, dit le chroniqueur, seule, la Mère de Dieu tendait les arcs, opposait les boucliers, lançait les traits, émoussait les épées, retournait et submergeait les vaisseaux, donnant aux barbares l'abîme pour demeure[1]. »

Le carnage fut immense, et le khagan, « le réprouvé », dut lever le siège, brûler ses machines de guerre et fuir vers le nord avec son peuple décimé. Les pieux Byzantins, ces fils de la Vierge, demeurèrent persuadés qu'elle seule avait opéré ce miracle : On avait entendu le khagan, préoccupé par cette Image sainte que les assiégés n'avaient cessé de montrer à ses regards, prononcer ces mots : « Je vois une femme richement vêtue qui parcourt les remparts. » Ses sujets, de leur côté, avaient aperçu une princesse, accompagnée de ses eunuques, sortir par la porte des Blachernes. » C'était, disaient-ils, l'impératrice qui allait proposer la paix à leur roi. Ils l'avaient d'abord laissée passer ; mais bientôt, se

---

1. Drapeyron, *L'empereur Héraclius et l'empire byzantin au septième siècle*, p. 236, 237, etc.

ravisant, ils l'avaient poursuivie jusqu'aux Vieux-Rochers. Au moment où ils l'atteignaient, elle s'était évanouie comme une ombre. »

Quand l'arrière-garde du khagan eut disparu, le peuple, par un mouvement instinctif, se précipita vers les Blachernes, qui étaient alors encore un quartier en pleine campagne, non enclos de murs. Là s'était passé le dernier acte, l'acte le plus sublime de cette héroïque tragédie. Là, la Mère de Dieu avait elle-même combattu pour son peuple. Là, s'élevait l'église de la Vierge. Quel fut le ravissement des Byzantins quand ils virent que ce temple révéré était presque le seul édifice que la fureur des Avares eût épargné. « Si un peintre veut représenter notre victoire, qu'il se contente de mettre sous les yeux l'image de la Vierge, Mère de Dieu », répétaient à l'envi les Byzantins. L'Église grecque fête encore ce miracle le vendredi de la cinquième semaine du grand carême, jour de la délivrance de Constantinople.

Une longue inscription moderne, placée au-dessus de la fresque qui décore le fond de la crypte, n'est que la transcription de la première strophe de l'Hymne sans fin (*Akathistos Hymnos*), litanie pieuse célèbre encore aujourd'hui dans tout le monde grec, hymne enthousiaste composé par Pisidès en l'honneur de la « Toute-Sainte », et qui se chante à cette occasion dans chaque église orthodoxe.

Ce que l'église des Blachernes a vu célébrer de cérémonies éclatantes et de couronnements illustres, ce qu'elle a vu passer d'empereurs et d'impératrices venant, en grande pompe, assister au service divin ou fonctionner au premier rang dans les innombrables cérémonies religieuses; ce qu'elle contenait de reliques précieuses, joyaux d'un prix inestimable, ne saurait se raconter, disent les chroniqueurs.

En 635, la Sainte Croix qu'Héraclius avait enlevée à Jérusalem pour la soustraire aux dangers des incursions arabes, fut apportée aux Blachernes et solennellement reçue par le patriarche Sergius.

En 1204, les conquérants francs qui avaient transformé la Sainte Vierge des Blachernes en église latine, en enlevèrent le bras de saint Georges et d'autres reliques qui, aujourd'hui encore, sont au Trésor de Venise. Comme tous les édifices de Constantinople, l'église qui nous occupe avait été souvent brûlée; chaque fois elle s'était relevée plus splendide de ses cendres. Une dernière fois, le 29 janvier 1434, sous le règne de Jean V Paléologue, quelque vingt ans avant la catastrophe finale, un immense incendie la bouleversa de fond en comble, ce qui, dit l'historien Phrantzès, fut considéré comme le plus sinistre présage. Les temps étaient durs et le temple auguste ne fut jamais reconstruit, non point que la vénération à la sainte Icone eût diminué, mais le trésor était vide et les grands étaient ruinés.

Il est probable cependant que des travaux furent entrepris, mais la conquête turque survint et tout fut fini. On ne s'explique point que les Ottomans n'aient jamais érigé en ce lieu de mosquée, comme ils avaient coutume de le faire sur l'emplacement des basiliques conquises. Quatre-vingts ans après la chute de Constantinople, Gyllius vit encore debout les ruines de l'église des Blachernes; puis tout s'écroula graduellement; longtemps les propriétaires turcs exigèrent un tribut des pauvres pèlerins qui venaient pleurer dans cet enclos désolé, puis les bohémiens errants y installèrent leurs tentes. Aujourd'hui la communauté grecque de Constantinople a racheté ce sanctuaire; chaque année des acquisitions nouvelles faites sans bruit viennent augmenter cette propriété nationale.

J'ai dit que du temple fameux et de tant de trésors, de tant d'arcs et de coupoles étincelant des mille feux des mosaïques à fond d'or, il ne reste rien aujourd'hui, rien que la source sainte, l'*hagiasma*, abritée sous un humble toit; mais la vénération populaire s'est constamment maintenue; l'eau consacrée a toujours la réputation de guérir de mille maux; vienne le jour tant invoqué et si lent à venir où la croix grecque chassera devant elle le croissant de la Ville sainte jusque sur la rive asiatique, où les minarets tant aimés des artistes, tant exécrés du raïa, s'écrouleront aux mille cris de joie des orthodoxes, et l'on verra comme par enchantement s'élever un temple nouveau; la grande Panagia des Blachernes se redressera, moins étrange, moins intéressante, mais tout aussi somptueuse que son aînée, produit des dons de la nation grecque tout entière; l'église, tant adorée jadis, reverra les grands cortèges, et les dévotes cantilènes des chantres monteront de nouveau jusqu'aux voûtes avec la fumée de l'encens et les flammes des cierges.

Le portrait de la Vierge et son vêtement étaient déposés dans une chapelle spéciale, véritable *cella* d'or et de pierres précieuses, tout encombrée de mille *ex-voto*, où le basileus seul pouvait pénétrer. Presque chaque empereur avait contribué d'une manière ou d'une autre à l'embellissement du temple si pieusement révéré.

Le clergé affecté au service de l'église comptait soixante-quatorze dignitaires, archiprêtres ou doyens, prêtres, diacres et diaconesses, sous-diacres, gardiens des vases sacrés, anagnostes, chantres et portiers.

A certaines fêtes, le patriarche se rendait processionnellement aux Blachernes avec tous les métropolitains, tous les évêques et la foule immense des moines résidant à Constantinople. L'empereur arrivait, de son côté, entouré des princes du sang, des grands officiers du palais, des césars, des despotes, des grands-ducs, des protosébastes et sébastes, des sébastocrators, des *magistri* et des spathaires, des soldats de la garde rangés sur son passage, la hache des Varègues sur l'épaule. Le basileus recevait des mains d'un des dignitaires de l'Église un cierge et l'encensoir dont il aspergeait l'autel et les saintes reliques; puis, les offices terminés, l'empereur et le patriarche se donnaient le baiser de paix et regagnaient leurs demeures dans le même appareil somptueux.

La fontaine sainte constituait le fameux « bain sacré des Blachernes », — on décorait de l'épithète de *sacré* tout ce qui, de près ou de loin, touchait aux empereurs. — C'est là que, trois fois l'an, le basileus, revêtu du *lentium* ou chemise dorée, allait après les cérémonies et les oraisons consacrées se plonger par trois fois dans la piscine. La très mauvaise fresque actuelle a remplacé sous la voûte une image de la Vierge disposée de telle sorte que l'eau bénite coulait de ses mains dans le baptistère extérieur. L'empereur se rendait à cette cérémonie bizarre monté sur la trirème sacrée, au pavillon de pourpre, aux rames dorées. Trois hauts fonctionnaires, le logothète de la course publique, le *protosecretis*, le drongaire de la veille, qui correspondait à peu près à notre chevalier du guet, prenaient place à ses côtés, ainsi qu'un peloton de Varègues, ou plutôt Wœrings, à la taille gigantesque, « hauts comme des palmiers ». Il remontait rapidement la Corne-d'Or et débarquait au pied de l'église, entre une double haie de sénateurs, de *magistri,* et de patrices revêtus du *scaramangium,* vêtement de cérémonie fendu sur les côtés jusqu'au genou. Suivi de ces dignitaires observant un ordre processionnel rigoureux et immuable, le basileus entrait alors dans l'église où un ecclésiastique spécial le recevait et agitait devant lui l'encensoir d'argent.

Après diverses cérémonies, après avoir adoré la robe de la Vierge, baisé l'autel, fait maintes stations, il gagnait une chambre haute où les baigneurs officiels lui enlevaient ses vêtements et lui mettaient le *lentium*, en présence des seuls eunuques; les gens à barbe n'étaient pas admis à cette partie de la cérémonie. Alors l'empereur était conduit dans la salle même du bain sacré; il y adorait les Icones, puis entrait dans le *natatorium*, dont le protembataire ou chef des baigneurs avait préalablement béni l'eau. Après trois immersions, le prince sortait du bain et, rhabillé par les chambellans ou cubiculaires, quittait l'église. Au bas de l'escalier, le maître des cérémonies avait rangé douze porteurs d'eau, « la main droite tendue avec grâce »; l'empereur remettait à chacun deux sous d'or. Ces détails, tirés des *Cérémonies* de l'empereur Constantin Porphyrogénète, se lisent dans un curieux opuscule publié, il y a quelques années, sous le titre d'*Esquisses byzantines*, où feu M. A. Marast a cherché avec quelque bonheur à faire revivre l'existence étrange et incessamment officielle de ces malheureux princes byzantins, tourmentés par les exigences d'une représentation rigoureuse qui ne leur laissait ni trêve ni répit, jusqu'au jour où quelque conjuration de palais venait leur donner la mutilation ou la mort.

Dans d'autres circonstances solennelles, les empereurs célébraient dans l'église des Blachernes, avec une magnificence inouïe, ces fameuses veillées en l'honneur de la Vierge, ces *pannychides*, cérémonies extraordinaires qui duraient une nuit tout entière; la cour et la ville s'étouffaient pour assister à ces pompes; chacun revêtait pour s'y rendre ses plus somptueux atours; il était de bon goût de s'y faire voir; aucune femme élégante ne manquait à ces singulières réunions.

Maurice célébra une de ces veillées, en 591, pour fêter la grande victoire de Théodosiopolis, remportée par Héraclius sur les Perses. Comme il se rendait à l'église pour y passer la nuit, selon la coutume, on le couvrit de pierres et d'injures, lui et le clergé qui l'entourait. Il donna ordre à ses manglabites slavons et avares d'écarter la foule en la menaçant de leurs masses de fer, mais sans frapper personne. Ils furent bousculés par les émeutiers. Lui-même se réfugia dans l'église des Blachernes, pendant que le patrice Germain sauvait son fils aîné Théodore en le cachant sous sa robe.

En l'an 865, sous le règne de l'insensé Michel III, les habitants du Bosphore épouvantés virent pour la première fois une invasion subite d'un peuple féroce, inconnu jusqu'alors : c'étaient des Russes idolâtres, ou « Rhos homicides », qui avaient traversé la mer de Scythie sur des centaines de grandes barques, sous la conduite d'Askold et de Dir, princes varègues de Kiev. Ces barbares jetèrent la terreur dans Tsarigrad; c'est le nom dont ils désignaient cette Constantinople alors déjà éternel objet de leurs plus ardentes convoitises. Ils pénétrèrent au delà du promontoire d'Hiéréion, par delà les villages actuels de Thérapia et de Yenikeuï, occupèrent les deux rives du détroit, pillant les couvents, empalant leurs prisonniers, les crucifiant, les tuant à coups de flèches, décapitant les moines, s'acharnant à leur enfoncer des clous dans le crâne. La panique était telle qu'il fallut recourir aux grands moyens. L'empereur et le fameux patriarche Photius se rendirent aux Blachernes, où ils implorèrent le secours de la Toute-Sainte pendant toute une *pannychide;* ils y prirent l'habit de la Vierge, le *maphorion*, et le transportèrent sur le rivage. Là, en face du peuple agenouillé, Photius plongea dans les flots la précieuse relique. Aussitôt, répètent à l'envi les chroniqueurs, la mer s'agita violemment. Les barques des « Scythes homicides » furent brisées les unes contre les autres !

Les quelques païens qui échappèrent à ce grand désastre coururent recevoir le baptême à l'église des Blachernes. Ainsi fut attribué à la plus grande gloire de la *Panagia* l'échec de la première entreprise de la Moscovie contre la capitale de l'Orient.

J'ai dit que la Vierge des Blachernes touchait au palais du même nom ; quelques pans de mur masquent encore l'emplacement de la porte qui donnait passage d'une enceinte dans l'autre. Combien il serait étrange et saisissant de pouvoir reconstruire en imagination quelqu'un des spectacles innombrables dont fut le théâtre cette voûte auguste qui a vu passer tout ce que l'histoire de Byzance compte de noms illustres ! Certes, la porte de l'enceinte de l'église des Blachernes vaudrait bien comme intérêt l'escalier de Versailles ! Aujourd'hui, c'est l'empereur en litière, entouré, tantôt de ses fameux Wœrings, tantôt d'un cortège d'eunuques ou d'une longue chaîne de prêtres et de caloyers, jetant un regard inquiet sur la foule des dignitaires où il cherche à tout instant le meurtrier de l'heure qui vient et le successeur heureux qui fera jeter au cirque son cadavre mutilé ; demain c'est le patriarche à la longue barbe blanche, qui accourt tremblant sous ses vêtements lamés d'or ; il sait qu'un basileus tout enfiévré d'un sombre esprit théologique l'a fait mander au palais pour lui donner le choix entre l'option d'une hérésie qui damnera son âme ou l'exil mortel sur quelque affreux rocher de Marmara.

Aujourd'hui ce sont des princesses, mère, femme ou filles de quelque empereur assassiné ou déposé, qu'on entraîne à la hâte vers l'église pour raser leur chevelure, arracher leurs tuniques de pourpre brodées de perles, et les jeter ensuite, sous la robe brune des religieuses, dans quelque couvent devenu leur demeure pour le reste de leurs jours ; demain ce sont des souverains barbares, des généraux vaincus, des Avares, des Ouzes ou des Bulgares, encore couverts de leurs peaux de bêtes, des Petchenègues ou des Khazars, des Persans, des Sarrasins portant la cotte de mailles ou la cuirasse, que des soldats poussent au baptistère et qui courent se faire chrétiens pour échapper au supplice.

III

Lorsque Théodose II, en 449, rebâtit pour la seconde fois la grande muraille de Constantinople, détruite par un tremblement de terre après trente années d'existence, l'église des Blachernes, qu'on venait à peine de construire, ne fut point comprise dans le périmètre de l'enceinte. Deux siècles plus tard, sous l'empereur Héraclius, les Avares vinrent à plusieurs reprises assiéger Byzance; ils brûlèrent tous les bâtiments de ce quartier suburbain. Pour prévenir le retour de catastrophes pareilles, le vainqueur de Chosroès enferma derrière un rempart nouveau tout cet espace devenu populeux et où les empereurs possédaient déjà une maison de plaisance. La muraille d'Héraclius s'étendit jusqu'à la Corne-d'Or ; la portion devenue inutile du mur théodosien fut détruite, et le faubourg des Blachernes, compris tout entier dans l'enceinte de la capitale, en devint la région la plus septentrionale, la quatorzième, suivant la distribution administrative. Outre l'église, dont j'ai longuement parlé, ce quartier comprenait le Palais impérial du même nom, qui fut témoin, durant les derniers siècles de l'empire, de presque tous les grands événements survenus à Byzance ; il s'étendait vers le nord-est de l'église, et couvrait de ses nombreux bâtiments un espace de trois cent mille mètres carrés sur le vaste plan incliné qui s'élève des rives de la Corne-d'Or, jusque vers cet édifice singulier si connu des touristes sous la fausse désignation de Palais de Bélisaire.

L'histoire des résidences impériales de Byzance comprend deux chapitres très distincts : pendant les premiers siècles de l'empire, les souverains résidèrent presque constamment au *Grand Palais*, souvent appelé Palais du Bucoleon, ou encore de la Pourpre, situé sur la mer de Marmara, non loin du Vieux Sérail, dans cet espace immense qui s'étend entre le rivage d'une part, les mosquées de Sainte-Sophie et d'Achmed de l'autre, et que traverse actuellement dans toute sa longueur le chemin de fer d'Andrinople. C'est ce Palais qui est plus spécialement désigné par les chroniqueurs sous le nom de *Palais impérial* ou de *Palais Sacré*. Ce fut là que résidèrent Justinien, Héraclius, les empereurs iconoclastes, la grande Irène, le Porphyrogénète et tant d'autres. Durant cette longue période, les Blachernes, bien que fréquemment citées, paraissent avoir tenu lieu de maison de plaisance plutôt que de palais véritable.

Le 8 avril 1143, Manuel Ier Comnène fut proclamé empereur à la mort de son père Jean : le premier, il négligea si complètement le *Grand Palais* pour la demeure des Blachernes, et fit à tel point augmenter et embellir celle-ci, que la tradition populaire a voulu faire de ce prince le fondateur même de la nouvelle résidence. On a vu qu'il n'en était rien, et que les origines de cet édifice sont bien plus anciennes, puisqu'on s'accorde généralement à les reporter au règne même de Théodose II, c'est-à-dire à la première moitié du cinquième siècle. Ce fut déjà aux Blachernes qu'Alexis Comnène reçut les croisés de la première croisade.

Il n'en est pas moins vrai que c'est seulement à partir de Manuel Ier que le nouveau Palais prend une place tout à fait prépondérante dans l'histoire de Byzance.

« La demeure des empereurs, dit M. Labarte, dans son livre sur le *Grand Palais*, n'était autre chose qu'une accumulation d'édifices de différentes époques, plus ou moins heureusement agencés. On ne doit pas perdre de vue non plus qu'au dixième siècle il avait été disposé pour la défense. C'était une vaste enceinte entourée de murailles fortifiées comme l'est le Kremlin de Moscou et comme l'était autrefois le Sérail des sultans, et qui comprenait de vastes jardins, des cours, des portiques, d'immenses appartements de réception, de nombreuses habitations pour le souverain, sa famille, les grands officiers du palais, les gardes, et enfin une profusion d'édifices religieux, églises, chapelles, oratoires, pressés les uns sur les autres, et dont la Rome papale peut seule donner une idée. »

Bien que le Palais des Blachernes fût de dimensions moindres, cette description pourrait lui être appliquée tout aussi exactement; il y avait là, sur le grand espace qui s'étend aujourd'hui sous nos yeux, outre le groupe principal des appartements impériaux, une infinité de bâtiments secondaires, religieux ou civils, qui faisaient de cette enceinte une ville véritable.

De cet immense amas de monuments, de ces palais, de ces tours, de ces portes, de ces églises, de ces monastères, de ces oratoires dont l'ensemble a constitué la résidence des derniers Porphyrogénètes, il ne subsiste plus rien aujourd'hui, outre la portion de l'enceinte commune à la grande muraille de la ville, que quelques vastes terrassements couverts de pauvres maisons turques et quelques pans de murs à demi ensevelis. La tempête de 1453 a tout détruit. De ce centre de la politique byzantine durant trois siècles et plus, il ne survit même plus un nom.

Interrogez les groupes d'oisifs nonchalamment étendus à la porte des cafés, le long de ces ruelles caillouteuses et grimpantes, demandez-leur où fut le glorieux Palais des Blachernes, ils vous regarderont étonnés et détourneront silencieusement la tête.

Nous gravissons en hâte ces rampes qui s'élèvent abruptement des bords de la Corne-d'Or: nous voici à un carrefour entouré d'échoppes et de cafés; un platane majestueux, comme on en rencontre tant en pays turc, ombrage une fontaine et semble avoir poussé là tout exprès pour faire retrouver plus facilement ce point capital de la vieille topographie byzantine; des terrasses des maisons environnantes, on domine Byzance et l'antique golfe Chrysokéras, la Corne-d'Or d'aujourd'hui, et par-dessus la grande muraille d'enceinte la vue se repose sur la plaine boisée qui précède Eyoub et sur le quartier d'Otakchidar, le Kosmidion des Byzantins.

C'est en ce point précis que M. Paspati fixe l'emplacement du principal corps de bâtiment des Blachernes; c'est là qu'était, selon lui, la demeure même des empereurs; et cette source où quelques Turcs dévots viennent faire leurs ablutions, ne serait autre que celle souvent citée par les chroniqueurs dont l'eau coulait dans des conduits d'albâtre à travers les vestibules et les cours dallées de marbre, parmi les bosquets de rosiers et les jardins en fleurs.

C'est bien là l'emplacement vrai de ces *demeures hautes, très hautes*, « *ta hypsila, ta hypsilotata*, » ainsi que ce Palais est le plus fréquemment désigné par les historiens grecs, le *haut Palais des Blaquernes*, comme le nomme notre Villehardouin. Il ne faudrait pas croire, en effet, que, pour édifier leurs constructions, les architectes des Blachernes se soient contentés de l'élévation naturelle du sol, bien que très considérable en ce point. Ce terrain, en pente très forte, ne convenait point aux fondations d'un si vaste Palais; il fallait, au-devant des portes et dans l'intérieur de l'édifice, des terrasses nombreuses et des cours de plain-pied. Pour atteindre ce but, d'immenses voûtes furent construites sur certains points; sur d'autres, les terres accumulées furent soutenues par des murailles énormes, qui, prenant leur base au pied même de la colline, transformèrent les abords du Palais en esplanades gigantesques. Sur les côtés est et nord de l'emplacement désigné par M. Paspati, les traces très visibles de ces murailles imposantes existent encore et les terrassements sont parfaitement reconnaissables.

C'était précisément là la région regardant vers l'intérieur de la Ville, d'où le Palais dominait toute la capitale et ses faubourgs; les terrasses surplombaient en cet endroit une vallée assez profonde qui existe encore, celle même qui séparait la sixième colline de Constantinople de la septième et dernière, occupée tout entière par les Blachernes. M. Paspati nous guide vers ce point à travers quelques jardins abandonnés, et, de l'angle formé par les deux côtés de la muraille de soutien, du bord même de la terrasse, encore aussi nettement marquée que si elle avait été tracée de nos jours, nous admirons ce panorama merveilleux qui, au dire des contemporains, s'étalait sous les yeux des empereurs accoudés aux fenêtres de leur haut Palais des Blachernes.

Vers l'ouest, et c'est ici le point peut-être le plus intéressant, la demeure impériale, élevée sur des voûtes énormes, confinait à la grande muraille de Constantinople et se confondait avec elle sur une longue étendue; le rempart colossal et ses tours formaient le mur même du Palais. Des fenêtres et des balcons surplombant directement la campagne, les empereurs pouvaient respirer la brise des plaines de Thrace, en laissant leurs regards errer sur les vastes et ombreuses profondeurs du Kosmidion, là où se dressent aujourd'hui la sainte coupole d'Eyoub et ses élégants minarets.

Revenus au grand platane, notre point de repère constant, nous nous dirigeons en droite ligne vers cette région du Palais; nous l'abordons à mi-hauteur des tours de l'enceinte urbaine, par une immense terrasse, dernier reste des constructions byzantines, soutenue à une grande hauteur par des voûtes sur l'histoire desquelles j'aurai à revenir, et qui supporte actuellement la petite mosquée d'Aiwat-Effendi. Nous pénétrons par une porte basse dans l'étage supérieur d'une des plus belles tours; la construction, en matériaux cyclopéens, en est admirable et la conservation en est presque parfaite. C'est la célèbre tour d'Isaac l'Ange, bâtie par cet empereur sur le rempart même, à la fois comme défense du Palais et comme lieu d'habitation. De grandes fenêtres donnent sur la campagne; du haut des balcons encore intacts, nous pouvons mesurer la hauteur extrême de la muraille, formidable obstacle à l'assaut d'une armée ennemie.

Aucune description ne peut donner une idée de la force et la beauté de cette tour et de la muraille avoisinante; c'est l'architecture militaire de l'Orient au moyen âge dans toute sa grandeur; c'est l'appareil byzantin dans la splendeur de ses plus beaux temps. Certes, avec un pareil rempart, les augustes hôtes des Blachernes pouvaient se croire en sûreté et, dans les siècles où les armes à feu étaient inconnues, ces empereurs défiants et soupçonneux devaient presque s'estimer invincibles derrière d'aussi puissants créneaux, qui bravaient l'effort des plus lourds projectiles lancés par les catapultes et les tours roulantes.

Isaac l'Ange a certainement habité cette tour géante et cet étage supérieur où nous sommes, aujourd'hui encombré par les meubles misérables d'une famille turque réfugiée; certainement lui et ses successeurs d'après l'occupation latine, tous ces brillants et étranges Paléologues, depuis Michel, le héros de la revendication nationale, jusqu'à Constantin Dracosès, le glorieux vaincu, sont venus souvent, de ces fenêtres, assister en grande pompe aux exercices des bataillons byzantins, aux brillantes évolutions des hétairies, ou contempler furtivement les tentes innombrables des ennemis campés aux portes de leur capitale. Sur ce balcon, d'où Alexis III, usurpateur du trône et bourreau de ce même Isaac l'Ange, son propre frère, a dû plus d'une fois compter en tremblant les bandes fameuses des Montferrat, des Dandolo et des Courtenay, une vieille femme musulmane accroche ses haillons au soleil.

Le plancher de colonnes qui a vu tant de robes de soie, tant de chaussures de pourpre et tant de talons dorés, aujourd'hui transformé en jardin suspendu, supporte quelques frais amandiers. Mais si la splendeur impériale a disparu, la vue est toujours aussi belle, l'œil charmé plonge toujours avec le même ravissement sur ces riantes collines, sur ces arbres qui forment au fond d'Eyoub comme un immense et profond coussin de verdure, sur cette eau bleue qui vient mollement mourir à leurs pieds.

Nous verrons que la muraille d'Héraclius, sur laquelle s'appuyait ainsi le palais des Blachernes, se trouvait être, malgré ses dimensions prodigieuses, et par suite de l'absence de fossé et de seconde enceinte, la portion la moins forte du mur qui défend Constantinople du côté de terre; aussi est-ce par ce point que la plupart des armées assiégeantes ont attaqué la grande ville. Là sont venues camper les bandes les plus nombreuses de la première croisade, là sont venus faire leurs préparatifs d'attaque, après avoir abandonné leurs cantonnements de l'Escutaire, les Francs et les Lombards de 1203 et de 1204, sous la conduite du marquis de Montferrat et du comte de Flandre, tandis que leurs alliés vénitiens, montés sur leurs galères, liées deux à deux, menaçaient les tours et la muraille situées le long de la Corne-d'Or.

C'est encore en ce point que fut donné l'assaut

infructueux du 17 juillet 1203, et que se livra, sous le rempart même, ce rude combat de haches et d'épées que nous a raconté si brièvement le sénéchal de Champagne, et qui finit par la victoire des Wœrings impériaux, mercenaires anglais et danois à la solde d'Alexis III. Singulier rapprochement qui nous montre, il y a cinq siècles et plus, dans des circonstances certainement bien différentes, cette même race anglo-saxonne défendant contre les Francs les mêmes murailles dont elle s'acharne de nos jours à éloigner l'aigle moscovite. « Et ceux du dedans, Anglais et Danois, refirent effort, » dit le net et bref chroniqueur, « et mirent dehors bien rudement ceux qui étaient déjà montés sur les murailles, si bien qu'ils en retinrent deux, et ceux qui furent retenus de nos gens furent menés devant l'empereur Alexis et il en fut bien joyeux. Ainsi demeura l'assaut devers les Français et il y en eut assez de blessés et d'estropiés et les barons en furent bien irrités. »

Mais ce n'est point seulement dans leurs narrations de sièges et de combats que nos chroniqueurs des croisades citent, à maintes reprises, le *haut Palais des Blachernes*, c'est aussi comme demeure des empereurs, comme résidence fastueuse dont la somptuosité excite un étonnement indescriptible dans ces âmes naïves, accoutumées à la rude pauvreté des cours d'Occident. Les circonstances avaient voulu que, lors de la première croisade, en 1096, comme lors de la quatrième, en 1203 et en 1204, les Blachernes servissent de résidence aux souverains, qui eurent successivement à traiter avec ces deux grands flots de pèlerins et de conquérants. Ce fut sur l'emplacement que nous foulons aux pieds qu'eurent lieu les célèbres entrevues entre Alexis Ier Comnène et les chefs de la première croisade, si bien racontées par Albert d'Aix et Guillaume de Tyr, et ces réceptions merveilleuses destinées à éblouir les guerriers latins. Ce fut également aux Blachernes que les mêmes scènes se renouvelèrent entre les empereurs de la famille des Anges et les principaux barons de la croisade de 1204.

Alexis I*er*, un des plus subtils parmi les subtils et fourbes souverains de Byzance, ne sut quelle pompe imaginer pour en imposer à ses terribles visiteurs ; s'il ne réussit pas à les intimider, il parvint du moins à leur inspirer une admiration sans bornes. Jamais ces fils des bords de la Meuse, de la Seine et de la Loire, à peine sortis de la désolation de l'an mil et de ce morne et triste xi*e* siècle, siècle de pauvreté générale et de mendicité universelle, n'avaient vu pareils trésors accumulés ; qu'on lise les pages émerveillées d'Albert d'Aix, sa description des salles et des jardins des Blachernes, de ces voûtes et de ces parois toutes tapissées de mosaïques à fond d'or, de la profusion des métaux précieux et des riches étoffes.

A mesure que chaque nouveau groupe de croisés venait camper sous les murs de la capitale, ses chefs étaient introduits en présence de la splendeur impériale. Le premier qui franchit le seuil auguste des Blachernes fut Pierre l'Er-

mite, dans le courant du mois de juillet 1096.
Ce prêtre étrange fut admis, avec un petit nombre
de compagnons de marque, devant l'empereur, dans la grande salle du Palais, et reçu
par lui avec une bienveillance extrême, très habilement jouée. Alexis fit don à son visiteur de
deux cents besants d'or et d'une quantité énorme
de petites pièces de cuivre appelées *tartarones*;
c'étaient des espèces assez mal frappées, portant
sur la face principale l'empereur avec le sceptre
et le globe crucigère, et au revers le buste de
face du Christ byzantin ou celui de la Panagia,
parfois encore celui de saint Georges, ou la croix
cantonnée des monogrammes consacrés; il y avait
neuf ou dix variétés de ces pièces de même valeur. Pierre les distribua à sa troupe indisciplinée, campée en dehors de la muraille d'Héraclius
et toute souillée encore du sang des Juifs, des
Hongrois, des Slavons et des Pauliciens qu'elle
avait massacrés sur la route. Durant l'entrevue
impériale, un trait parti du groupe qui environnait l'ermite, vint blesser un officier du palais,

un protospathaire, au pied du trône où siégeait Alexis.

L'année suivante, ce fut le tour de Godefroy de Bouillon et des autres grands chefs de la croisade. Anne Comnène, la savante princesse, l'illustre auteur de l'Alexiade, monument élevé par la tendresse filiale à la gloire paternelle, nous a laissé un récit de ces événements extraordinaires. L'étonnement fut réciproque : Godefroy et les hauts barons qui l'accompagnaient s'étaient mis en frais; l'empereur et sa cour orgueilleuse virent avec un étonnement mêlé de crainte les lourds et superbes costumes des guerriers d'Occident; leurs épais vêtements doublés de vair, leurs armes puissantes.

« Tous les yeux, dit Anne Comnène, cherchaient Godefroy qu'une immense renommée avait précédé dans la capitale de l'empire ». Alexis, revêtu du grand manteau brodé de perles et de pierres précieuses, de la tunique talaire et du *saccos* impérial bleu foncé à ornements jaunes, la couronne des basileis en tête, entouré de son immense maison, de ses milliers d'officiers et de dignitaires, de gardes, de prêtres et d'ennuques, de cette pompe impériale et religieuse qui n'avait pas d'égale au monde, s'informait avec une curiosité inquiète du nom de chacun des barons à mesure qu'ils défilaient devant lui.

Albert d'Aix raconte de son côté que les seigneurs francs furent éblouis par les richesses prodigieuses étalées avec intention. L'empereur ne se leva point de son trône pour les recevoir; ils s'agenouillèrent et se prosternèrent et embrassèrent sa main. Puis on les conduisit visiter le Palais, sans leur faire grâce d'une chambre; ils ne se lassèrent point d'admirer les salles immenses tendues d'étoffes de soie venues de Chine par la Perse, les mosaïques tapissant les voûtes profondes, la vaisselle d'or, les vêtements d'apparat aussi variés que les innombrables cerémonies auxquelles ils étaient destinés, les cours pavées de marbres précieux et rafraîchies par des ruisseaux coulant dans des canaux d'albâtre.

L'empereur combla de présents les guerriers français et italiens; il les étonna, les fascina, les humilia presque sous le poids de ses dons incessants. Silencieux et ébahis, ils s'en allaient par les cours, par les longues allées, par les interminables galeries où étaient reproduits les exploits des empereurs, par les chambres basses encombrées de courtisans attentifs à leurs moindres désirs. C'était bien là l'habile politique byzantine, une manière comme une autre de gagner des batailles.

En juillet 1203, après la chute de l'usurpateur Alexis III, ce fut encore, je l'ai dit, aux Blachernes que les messagers de l'armée franque allèrent conférer avec les deux empereurs restaurés, le vieil et aveugle Isaac, hier encore enfermé au fond d'un cachot, soudain remonté à nouveau sur le trône, exposant à tous les regards ses orbites vides et difformes, et le jeune Alexis IV, à peine de retour de sa longue absence à l'armée des croisés.

Ces ambassadeurs étaient Mathieu de Montmorency et Geoffroy, le sénéchal de Champagne, avec deux Vénitiens ; ils mirent pied à terre à la porte des Blachernes, « et les Grecs avaient mis des Anglais et des Danois avec leurs haches, depuis la porte jusqu'au Palais. Les messagers furent ainsi amenés jusqu'à la haute demeure des Blachernes, et là ils trouvèrent l'empereur Isaac, si richement vêtu, qu'en vain eût-on demandé un homme plus richement vêtu, et à côté de lui, l'impératrice, sa femme, qui était bien belle dame, sœur du roi de Hongrie; pour les autres hauts hommes et hautes dames, il y en avait tant qu'on n'y pouvait tourner le pied; les dames si richement parées qu'elles ne pouvaient l'être davantage. » Après les salutations d'usage les messagers déclarèrent qu'ils avaient à parler à l'empereur en particulier. Isaac se leva et entra dans une salle du Palais, n'emmenant avec lui que l'impératrice, son chancelier, son interprète et les quatre messagers.

L'année suivante, le 1er février 1204, ce même Palais des Blachernes vit une épouvantable tragédie. Murzuphle, l'homme aux sourcils joints, le chef du parti national, y étrangla de ses mains, au sortir d'un repas, le malheureux Alexis IV, crime qu'il devait expier bientôt lui-même par un double et atroce châtiment. — Baudoin de Courtenay, proclamé empereur latin de Constantinople dans l'église de Notre-Dame-du-Phare, dans la mémorable soirée du 9 mai de cette même année, ne paraît pas avoir habité la résidence qui nous occupe. Mais lorsque, quelques mois plus tard, l'infortuné premier souverain latin de Byzance s'en fut allé mourir à Tirnova de cette mort mystérieuse qui est demeurée un des secrets de l'histoire, son frère, le régent Henri d'Angre, choisit définitivement les Blachernes pour en faire de nouveau la résidence impériale. Il y tint sa cour, ainsi que ses deux faibles successeurs, Robert et Baudoin II.

Baudoin II passa probablement aux Blachernes sa dernière nuit de pouvoir, cette terrible nuit du 27 juillet 1261, où des cris de triomphe et des hurlements d'effroi annoncèrent soudain que les Grecs et les Génois du Paléologue avaient pénétré dans la Ville. L'empereur latin, suivi de quelques soldats seulement, fuyant le triomphe des Byzantins, courut à travers son immense capitale plongée dans les ténèbres et réussit à gagner le rivage de Marmara; une barque misérable l'emporta pour toujours loin de ses sujets et de cet empire qu'un rival heureux lui enlevait avec si peu d'efforts.

Le mois d'après, Michel Paléologue, qui venait de renouer pour deux siècles la longue chaîne des Porphyrogénètes, fit, par la Porte Dorée, son entrée triomphale dans sa capitale reconquise. La grande Ville, disent les chroniqueurs grecs, se trouvait dans un état pitoyable; la malpropreté de ceux de l'Occident l'avait transformée en un gigantesque cloaque; il fallut la nettoyer de fond en comble. Les Blachernes, bien que résidence des souverains, n'avaient pas échappé à cette souillure universelle. Nicéphore Grégoras et Pachymère racontent que Michel dut aller demeurer au Grand Palais, déjà fort dégradé, parce que les Blachernes étaient dans le plus affreux délabrement, toutes noircies de fumée et salies par les gardes de Baudoin, « toutes pleines d'immondices et d'ordures italiennes », allusion haineuse aux soldats lombards, si nombreux parmi les troupes d'occupation latine.

A partir de Michel, le Palais des Blachernes demeura l'unique résidence officielle de tous les Paléologues jusqu'à la chute de Constantinople. Avant cette catastrophe dernière, il vit se dénouer dans son enceinte encore bien d'effroyables tragédies; il vit Andronic II enfermer son frère Constantin dans une cage de fer, où l'infortuné ne mourut qu'après seize ans de tortures; il vit la fin humiliée de ce même Andronic réduit par son petit-fils à la plus humble des servitudes; les luttes interminables et sanglantes de Jean II Paléologue et de Jean III Cantacuzène, et ce festin du jour du couronnement des deux empereurs et des trois impératrices, le 13 mai 1347, ou la misère fut si grande que l'on se servit de couronnes de pierres fausses et que le repas fut présenté dans de la vaisselle de terre ; il vit la catastrophe qui précipita dans la geôle de l'Anéma, Jean II et son fils Manuel, à peine remontés sur le trône, victimes de l'ambition d'Andronic IV, puis encore les années agitées et malheureuses du règne de Manuel II, la réception de Boucicault, la misère des années de Jean V, enfin les derniers jours de Constantin Dracosès, qui ne quitta l'enceinte des Blachernes, que pour aller, en une belle nuit de mai, expier par une mort héroïque la faiblesse et les crimes de ses prédécesseurs.

Nul historien ne nous a dit comment finirent les Blachernes sous la domination turque ; l'agonie du beau Palais dut être aussi rapide que douloureuse ; il servit sans doute de carrière à tous les sultans constructeurs de mosquées, à tous les réparateurs de murailles, à tous les bâtisseurs des quartiers voisins, et, dans les assises de ces maisons turques qui nous environnent on retrouverait sans peine les pierres du glorieux édifice byzantin.

Ainsi disparut la célèbre résidence impériale comme toute ruine disparaît en pays turc, déserte, servant de repaire à des populations misérables, s'effaçant insensiblement de la surface de la terre et de la mémoire des hommes; sur ses décombres des arbres poussèrent, des jardins s'établirent, d'obscures mosquées s'élevèrent, de vulgaires habitations turques sans poésie comme sans histoire. Le quartier des Blachernes, centre autrefois de la politique et du luxe oriental, est peut-être aujourd'hui le point le plus écarté et le plus ignoré de l'immense capitale.

Les caïques qui, chaque jour, amènent en foule les fidèles ou les touristes à la mosquée et au cimetière d'Eyoub, et ceux, bien plus nombreux, qui, les vendredis de mai, transportent aux eaux douces d'Europe les groupes de femmes aux féredgés éclatants, femmes de pachas ou simples bourgeoises, défilent en hâte au pied de cette colline extrême de la Nouvelle-Rome; mais aucun de ces innombrables passants n'en vient fouler le sol; il faut l'amour intense des choses d'autrefois pour attirer sur l'emplacement du vieux palais disparu, la présence de quelques chercheurs intrépides.

IV

J'ai dit que vers le nord-ouest l'enceinte du Palais se confondait avec la portion de la grande muraille, bâtie par Héraclius ; j'ai dit aussi que, de ce côté, plusieurs tours, dont la plus célèbre est celle d'Isaac l'Ange, ainsi que des terrasses soutenues par des voûtes immenses, peuvent être considérées comme les reliques dernières de la demeure des Blachernes. Un des points les plus curieux de ce magnifique rempart, commun à la Ville et au Palais, est, sans contredit, la fameuse porte dite des Blachernes, qui, du Palais même, donnait directement accès dans la campagne aujourd'hui occupée par les quartiers d'Otakchidar et d'Eyoub. A l'époque byzantine, on voyait s'élever dans cette portion de la banlieue diverses maisons de chasse, un hippodrome, de nombreuses chapelles, l'église de Saint-Mamas, le couvent et la villa impériale de ce nom, les églises de Sainte-Photine et de l'anargyre Saint-Pantéleimon, enfin l'abbaye fortifiée de Kosmidion, dédiée à deux autres anargyres, les saints Cosme et Damien. M. Paspati nous conduit à la porte des Blachernes par l'intérieur du rempart. C'est un site d'une grandeur incomparable et qui laisse un souvenir profond. La porte est percée dans le grand mur d'Héraclius ; au devant et à une certaine distance s'élève une autre muraille, aussi belle, aussi élevée, aussi formidable que la première ; celle-ci, nous disent les inscriptions, fut érigée par l'empereur Théophile, d'iconoclastique mémoire, qui régna au IXe siècle ; sans doute ce souverain voulut ainsi rendre plus difficile encore les approches de cette portion si importante de l'enceinte. La porte qui perce ce second rempart est aujourd'hui murée et à demi disparue dans l'amoncellement des terres rapportées qui ont élevé le sol de plusieurs mètres ; on n'aperçoit plus que le linteau gigantesque et l'extrémité supérieure des deux montants. De magnifiques tours d'un appareil formidable, d'une prestance superbe, les plus belles de la muraille après celle d'Isaac l'Ange, s'élèvent sur les côtés de ces deux portes ; de grandes inscriptions les décorent, rappelant en lettres de pierre gigantesques les noms des basileis, leurs fondateurs.

Cours et murailles interceptent un vaste espace, sorte de cour profonde qu'il fallait traverser pour aller de la première partie à la seconde. Tout cet ensemble fortifié, ces portes jadis munies de battants énormes, derrière lesquelles se tenaient les gardes impériaux, mercenaires Goths, Dalmates, Anglais, Scandinaves, Russes ou Francs, cette cour probablement occupée par d'importants corps de garde, constituaient une défense des plus redoutables. C'est par la porte des Blachernes qu'en 716, après six mois de combats journaliers, le prétendant Théodose III, ancien fermier des impôts et chrysographe, surnommé Adramytène, de la ville d'Adramyte en Bithynie, pénétra dans Byzance, livrant la capitale au pillage de ses partisans, asiatiques du thème bithynien de l'Opsikion ou mercenaires Goths, chassant devant eux les troupes d'Artémius Anastase. C'est contre ce même point de la muraille qu'échoua, je l'ai dit, la première attaque des croisés francs en 1203 ; c'est cette porte même que franchirent leurs chefs et qu'avaient franchie un siècle auparavant leurs illustres prédécesseurs, lorsqu'ils quittèrent le camp des guerriers d'Occident pour être introduits en présence des empereurs ; c'est par elle que s'enfuirent lors du second et définitif assaut de 1204, après la défaite de Murzuphle, une foule des *hauts hommes* de Grèce, à ce que raconte Villehardouin, tandis que la plupart des *hautes dames* s'étaient groupées tremblantes au palais du Bucoleon autour des deux ex-impératrices, l'une Agnès ou Anne, princesse royale de France, l'autre, Marguerite ou Marie, fille du roi Béla de Hongrie. Je ne connais pas à Constantinople de site plus romanesque que cette porte fameuse; on suit pour s'y rendre de l'intérieur de la ville une ruelle obscure et silencieuse ; la muraille d'Héraclius est ombragée d'arbres superbes : un uléma nous laisse pénétrer dans l'enceinte, non sans difficulté, car c'est un lieu très vénéré des musulmans : un grand saint, un des compagnons de Mohammed, je crois, y est enseveli dans un petit turbé disparaissant sous la verdure, où brûlent incessamment une foule de lampes.

Tout alentour, sous les grands arbres dont les cimes dépassent les créneaux des tours et des murailles, dont le feuillage épais obscurcit la lumière, s'élèvent, pressées les unes contre les autres, d'autres tombes musulmanes ; là, paraît-il, sont enterrés une foule des combattants de 1453, de ces derviches fanatiques et de ces janissaires qui se ruèrent par dix fois à l'assaut des murailles chrétiennes. Les guerriers ottomans dorment sous le pavé de cette cour où passèrent pendant des siècles les pompes impériales. Ne se réveilleront-ils point, ces morts héroïques dont le sommeil en ce coin perdu n'est jamais troublé que par le chant des oiseaux ou le jeu de quelques enfants accroupis sur les dalles, le jour où la Constantinople grecque renaîtra victorieuse, où la porte des Blachernes reverra la grande lumière du jour, et où leurs ossements profanés seront jetés au vent parmi les débris des cippes de pierre? Sous les ombrages impénétrables qui transforment en crypte mystérieuse cette extrême limite de la grande cité, des rossignols sans nombre jettent leurs notes radieuses; une petite source coule sans bruit, un *hagiasma* jadis consacré à saint Basile et sur lequel s'élevait une chapelle dédiée à saint Nicolas. Un lierre centenaire et superbe, véritable tronc d'arbre à sa base, tapisse les murailles et monte jusqu'aux créneaux des tours, cachant à demi les noms des autocrators, de Michel le Bègue et de son fils Théophile; mille plantes grimpantes s'accrochent aux interstices des blocs byzantins savamment disposés ; deux enfants à la veste jaune, au caftan rouge, dorment au pied d'une tour.

Nous nous hissons avec peine jusqu'au haut des murailles d'où nos yeux plongent sur cette campagne ombreuse et charmante que j'ai déjà décrite. De grands souvenirs viennent remuer nos esprits émus. Nous voyons défiler en rêve les bataillons innombrables des basileis byzantins, les archers, les frondeurs, les peltastes, les détachements de toutes les hétairies, les manglabites ou porte-massues, les gardes franques, les Wœrings russes et scandinaves armés de la forte lance et de la hache d'armes, portant la cuirasse écaillée et l'immense bouclier. Les mercenaires d'Illyrie, d'Ibérie ou d'Arménie, les Turcopoules et les Gazmules, les contingents de tous les thèmes d'Occident et d'Orient, les soldats des corps d'élite, les Icanates, les Excubiteurs, les Scholaires, les Numériens courent au son des buccins, des trompes et des tambours, sous le commandement des stratèges, des topotérètes, des turmarques, des comtes, des drongaires, des centarques et des drongarocomites, attaquer le camp retranché des Avares, des Sarrasins, des Bulgares ou des Latins. Nous voyons Alexis Comnène gravissant la muraille, entouré de ses sébastes, de ses grands domestiques et de la foule de ses spathaires, et reculant d'effroi à la vue de l'immense campement des guerriers d'Occident, au-dessus duquel flottent les bannières de mille barons.

Cependant l'heure nous presse ; après un repas d'anachorètes, pris dans un café rustique ombragé de quelques arbres, et au milieu duquel voltigent les hirondelles qui y ont bâti leurs nids, nous courons voir cette délicieuse petite église conventuelle de *Chora*, aujourd'hui transformée en mosquée, mais qui, par une exceptions quasi providentielle, presque unique à Constantinople, a conservé intactes en beaucoup de points ses ravissantes mosaïques.

Tout autre part qu'en pays turc ces joyaux de l'art byzantin deviendraient un but de pèlerinage pour tous ceux qu'anime l'amour de l'art et de l'histoire.

V

Notre course rapide dans le passé byzantin n'est qu'à demi terminée. Il nous reste à suivre, depuis la Corne-d'Or jusqu'à Marmara, la muraille de Constantinople et à la visiter par sa face extérieure, la plus facile à aborder sur ce long parcours.

Je ne connais pas de restes de l'architecture militaire du moyen âge qui impressionne plus vivement que la grande muraille qui défendait Byzance du côté de terre depuis la mer de Marmara jusqu'au rivage d'Eyoub sur la Corne-d'Or; ce rempart est bien plus grandiose que celui de Rome, plus poétique et sauvage que celui d'Avignon, infiniment plus étendu et plus important que ceux de Carcassonne ou d'Aigues-Mortes. Ce fut par l'empereur Théodose II, au ve siècle, que Constantinople fut entourée d'une enceinte continue, aussi bien sur les rivages de la Corne-d'Or et de la mer de Marmara que vers l'intérieur des terres. Depuis une première restauration sous le règne de ce même empereur, ces murailles, souvent ébranlées par les tremblements de terre et les assauts des armées ennemies, exposées aux innombrables injures du temps, ont été bien des fois réparées sous la longue suite des basileis byzantins. Aucun d'eux n'a plus contribué à leur relèvement que le phrygien Théophile, un des deux ou trois princes de valeur qui ont régné sur l'empire au IXe siècle et qui, comme nous l'apprennent les nombreuses inscriptions gravées sur les tours, a restauré de fond en comble presque tout le rempart bâti sur la Corne-d'Or.

La portion du mur théodosien qui ceint Constantinople du côté de terre, s'étend en droite ligne sur une longueur de près de cinq kilomètres, descendant dans les vallons et remontant sur les collines, depuis le château des Sept-Tours jusqu'à une courte distance de la Corne-d'Or, à un point marqué par la fameuse ruine, faussement appelée palais de Constantin ou de Bélisaire. De cet endroit part la muraille dont j'ai parlé plus haut, élevée au VII° siècle par Héraclius, pour englober dans l'enceinte urbaine l'église et la villa des Blachernes; cette seconde muraille se soude à angle droit au mur de Théodose et s'en va rejoindre la Corne-d'Or par une pente rapide, complétant ainsi l'enceinte de Byzance et décrivant une vaste courbe autour de l'emplacement jadis occupé par la résidence impériale. La ligne droite du rempart théodosien est donc ici modifiée.

C'est du haut de quelque coteau boisé, à une faible distance des murs, ou plus près encore, le long de la vieille voie byzantine qui en fait le tour, qu'il faut venir au printemps, en plein mois de mai, comme nous le faisons aujourd'hui, admirer cette ligne formidable de constructions qui s'étendent à perte de vue, sur la droite comme sur la gauche. C'est un spectacle d'une incomparable grandeur que cette suite de tours et de murailles largement crénelées, d'une couleur merveilleuse dorée par les siècles, se détachant sur un ciel d'un bleu profond, couvertes d'une végétation folle, vigoureuse, luxuriante, qui coupe à chaque pas toute monotonie possible.

Les tours, entièrement tapissées de lierres et de plantes grimpantes se balançant aux créneaux, s'élèvent au milieu de véritables bouquets d'arbres qui croissent à leur pied sur l'ancien péribole : ce sont des groupes superbes de platanes, de cyprès, d'amandiers sauvages, de grenadiers en fleurs, mariant dans un harmonieux ensemble leurs verdures diverses, étagés les uns sur les autres, accrochés aux tourelles, suspendus aux corniches en saillie; leurs racines nerveuses étreignent chaque bloc de pierre, pénètrent dans chaque interstice, disloquent de leurs rameaux énormes les pans de mur et les assises de ces créneaux qui s'écroulent aujourd'hui sous l'effort de la végétation après avoir résisté à l'assaut de tous les peuples du moyen âge. Partout grimpe la vigne sauvage, encadrant les vieilles fenêtres par lesquelles, aux temps de jadis, les stratèges, les turmarques et les chefs des hétairies épiaient les mouvements des armées ennemies, dissimulant les meurtrières et les profondes barbacanes d'où les archers cappadociens envoyaient la flèche empoisonnée percer les corps nus des Bulgares ou des Petchenègues, hurlant leur cri de guerre.

Au milieu de cette débauche de verdure, tout étincelante du grand soleil de midi, appliquée sur ce fond chaud et doré de la muraille, éclate de toutes parts comme une note pleine de gaieté, de jeunesse, comme une affirmation du renouveau, la ravissante floraison des arbres de Judée qui croissent par centaines sur la vieille muraille. Ces grandes taches d'un violet si clair, si vivant, si lumineux, font merveille et animent ce paysage, dont l'ensemble à défaut d'eux pécherait par une couleur trop peu méridionale. Rien n'égale au printemps, aux alentours de Stamboul, le charme de ces arbres en pleine efflorescence, qui semblent des fleurs gigantesques et ne sont jamais plus charmants que lorsqu'ils piquent de leurs masses étoilées le noir rideau des cyprès ou le sombre feuillage des sycomores. Un certain nombre d'arbres de Judée atteignent, sur les rives du Bosphore, des proportions inusitées.

Enfin, par-dessus tout cet ensemble d'arbres, de tours et de murailles, pointent çà et là les blancs minarets des mosquées de la ville haute, surplombant le mur byzantin comme autant de frappants témoignages de la conquête musulmane, ceux surtout de cette mosquée de Mirmah-Sultane, une des plus élégantes de Constantinople, élevée vers la porte d'Andrinople, en l'honneur de la fille de Soliman le Magnifique et de sa toute-puissante favorite, la fameuse Roxelane.

Immédiatement après la porte des Blachernes, la muraille d'Héraclius, suivant la pente rapide du sol, s'élève graduellement jusqu'à la porte d'Andrinople, d'où l'inclinaison générale du terrain se modifie pour descendre en s'abaissant par degrés vers la mer de Marmara. Tout le long de cette première portion du rempart, depuis la Corne-d'Or jusqu'au palais de Constantin ou de Bélisaire, la grande voie pavée qui longe extérieurement la muraille est profondément encaissée, sorte de chemin creux d'où l'œil apprécie mieux la hauteur vertigineuse des constructions byzantines. Nous sommes ici au milieu de ce faubourg charmant que, déjà, nous avons aperçu du haut des créneaux de la porte des Blachernes et des balcons de la tour d'Isaac. D'innombrables petites maisons de bois, pittoresques, irrégulières, disparaissent sous les grands arbres, les plus beaux qu'on puisse admirer dans les environs immédiats de Constantinople. Leur masse s'étend presque sans interruption jusqu'à la mosquée d'Eyoub.

Les cimetières sont très nombreux ; ceux des musulmans paraissent de vrais champs de verdure, où les rayons du soleil, perçant la voûte de feuillage, produisent mille jeux de lumière sur les colonnes brisées et les cippes de marbre. Les cimetières grecs et israélites, tout au contraire, dorment dans de vastes clairières, sur la croupe des monticules dénudés. Le vallon sombre qui longe la muraille est bordé de cafés encombrés de fumeurs, de turbés multicolores qui servent de lieux de réunion à des groupes de femmes et d'enfants turcs. Sur le pavé roulent bruyamment des caissons d'artillerie qui courent aux casernes voisines et font résonner les échos des vieilles tours, où l'imagination populaire croit voir errer le soir les grandes ombres désolées des Paléologues et des Comnènes. Ce faubourg charmant, rafraîchi par mille eaux courantes, est un lieu essentiellement turc.

VI

Nous voici arrivés à l'ancienne porte Charsia, Charsias ou Charsienne, aujourd'hui Egri Kapoussi, c'est-à-dire la porte courbe, parce qu'elle est quelque peu obliquemènt construite; c'est la première issue demeurée de nos jours ouverte à la circulation à partir de la Corne-d'Or; c'est par elle que Justinien fit son entrée triomphale, au sixième siècle, et que, cinq siècles plus tard, en 1081, le grand domestique d'Occident, Alexis Comnène, s'introduisit dans le quartier des Blachernes, à la tête de ses partisans, pour s'emparer du trône.

Lorsque Justinien II, ce tyran monstrueux que

son vainqueur, Léonce, avait relégué sur la plage de Cherson en Crimée, après lui avoir fait trancher le nez au Cirque, eut réussi, en l'an 705, grâce aux secours que lui donna Terbélis, roi des Bulgares, à reconquérir l'empire, il vint camper avec ses sauvages alliés dans l'espace compris entre la porte des Blachernes et la porte Charsienne. Tibère Apsimare, qui avait à son tour détrôné Léonce et lui avait également fait couper les narines, était en ce moment empereur.

Durant trois jours, on ne répondit à Justinien, du haut des murailles, que par des injures ; mais, la troisième nuit, il réussit, grâce à des intelligences secrètes, à pénétrer dans la Ville par le canal d'un aqueduc, à la tête de quelques partisans. Ses hommes s'emparèrent de l'église Sainte-Anne, ouvrirent la porte Charsienne, et Bulgares et Grecs occupèrent instantanément le quartier des Blachernes. La Ville était prise. Tibère Apsimare se sauva jusqu'à Apollonias de Bithynie, au bord du lac de ce nom ; mais il fut rejoint et ramené à Byzance. On tira de prison l'ancien empereur Léonce. Les deux rivaux, traînés à travers les rues, furent amenés et jetés liés devant le trône de Justinien.

Le féroce mutilé les mit sous ses pieds en présence du peuple, et, tant que dura la première course, il leur broya la gorge de ses brodequins écarlates à tige dorée; et le peuple avili l'acclamait, répétant ce verset du psalmiste : « Tu marcheras sur l'aspic et sur le basilic, et tu fouleras aux pieds le lion et le dragon. » Puis on trancha la tête aux deux empereurs, on creva les yeux au patriarche Callimaque et on empala trois cents des plus notables personnages des deux derniers règnes.

Un peu plus loin, nous atteignons le point où le mur d'Honorius, décrivant un coude brusque, vient se souder à angle droit avec le rempart théodosien dont il coupe le vaste fossé. C'est encore ici un site plein de poésie, d'air et de lumière; dans l'angle décrit par ces deux murailles historiques, un grand cimetière grec dis-

perse au clair soleil ses dalles éclatantes de
blancheur, parmi lesquelles de petits pâtres
déguenillés poussent des troupeaux de chevreaux
plaintifs; des enfants jouent sur les tombes; des
flâneurs de mauvaise mine, comme il s'en rencontre à toutes les portes des villes, mais qui
sont ici du moins pleins de pittoresque, dorment
étendus sur l'herbe; au pied même du rempart,
des groupes de femmes caquettent bruyamment;
un pan de muraille éventré nous ménage une
longue échappée sur les populeuses collines de
Stamboul se mirant dans les eaux bleues de la
Corne-d'Or; à droite, la longue ligne de tours
crénelées monte à pic jusqu'à la porte d'Andrinople que surmontent les fins minarets de Mirmah-Sultane; en face de nous, se dresse à cheval
sur la muraille théodosienne cette construction
pittoresque, si souvent décrite sous les noms
plus ou moins fantaisistes de palais de Constantin,
palais de Bélisaire, Tekfour-Seraï ou palais du
Fils du Ciel, palais de l'Hebdomon, etc., et qui
donne à ce joli coin de terre un cachet tout par-

ticulier. Les archéologues n'ont encore pu se mettre d'accord sur la véritable destination de cet édifice, une des ruines byzantines les plus importantes qui soient restées debout à Constantinople.

A quelques pas de là, sur la droite, en un point du rempart aujourd'hui presque totalement ruiné, au pied même d'une des tours les mieux conservées de cette portion de l'enceinte, on remarque un passage voûté à demi enseveli sous les décombres. Cet humble arceau, qu'aucun détail particulier ne désigne aux regards, est un lieu célèbre dans l'histoire; c'est là la fameuse *Kerkoporta*, par laquelle les premiers soldats de Mohammed se précipitèrent dans la Ville gardée de Dieu, dans la nuit du 25 mai 1453, vers une heure du matin. Suivant les récits byzantins, rendus suspects par leur partialité même, cette petite porte se serait trouvée depuis longtemps murée au moment du siège, et les chefs de la défense en auraient ignoré jusqu'à l'existence; quelques vieillards la désignèrent à l'empereur, qui la fit ouvrir pour s'en servir en cas de besoin. Au dernier moment, le malheur, sinon la trahison, voulut qu'on négligeât de refermer la *Kerkoporta*. Une cinquantaine d'Ottomans, raconte le chroniqueur Ducas, témoin oculaire du siège, virent cette porte ouverte et s'y précipitèrent au plus fort de l'assaut; en un clin d'œil, ils eurent escaladé la muraille et dressé l'étendard vert sur la tour voisine. L'alarme se répandit rapide comme l'éclair, et l'effroyable cri : « La Ville est prise ! » retentit pour la première fois, glaçant d'horreur la foule de femmes, d'enfants, de nonnes et de caloyers prosternés dans cinq cents églises devant les saintes Icones. Tous ces misérables fuyards roulèrent vers le port comme un torrent.

Les Turcs triomphants, incessamment suivis de bandes nouvelles qui s'engouffraient par la *Kerkoporta*, remontèrent en courant le long de la paroi intérieure du rempart, vers les portes d'Andrinople et de Saint-Romain, pour y prendre à revers les combattants épuisés. Ce fut la fin du drame : mais si la prise de la *Kerkoporta* précipita l'issue, il ne faudrait point exagérer l'importance de ce fait de guerre ; tout au plus la résistance eût-elle pu se prolonger quelques heures encore.

Sur cette même tour, située auprès de la *Kerkoporta*, et qui, la première, avait vu flotter le pavillon turc, l'empereur Constantin Dracosès était monté quelques heures auparavant. Il était accompagné de l'historien Phrantzès qui nous a laissé un récit ému de cette dernière promenade militaire de l'héroïque souverain. Tous deux étaient sortis à cheval des Blachernes, inspectant chaque point de la gigantesque ligne de défense. La nuit était profonde. Arrivés à cette tour, l'empereur et son compagnon mirent pied à terre, et, montés sur le sommet, ils écoutèrent longuement l'immense rumeur et l'effrayant murmure qui s'élevaient des masses musulmanes se préparant à l'assaut nocturne ; puis ils se séparèrent, Phrantzès prenant le chemin qui devait lui permettre d'échapper providentiellement au massacre du lendemain, l'empereur suivant la muraille pour aller reprendre, à la porte Saint-Romain, le poste de combat qui allait devenir sa tombe.

De ce lieu si plein de souvenirs poignants, marqué par le palais de l'Hebdomon, par l'angle rentrant de la muraille d'Héraclius, par la petite *Kerkoporta* et la tour qui la domine, la route n'est plus longue jusqu'à la porte d'Andrinople, la région la plus élevée de la muraille, celle d'où l'on peut le mieux l'admirer dans tout son développement. De splendides platanes, incessamment agités par la brise de la Propontide, déjà plus voisine, environnent ce carrefour si vivant dominé par la vieille porte, fière et puissante, entre ses deux tours massives; de lourds boulets de pierre sont incrustés dans sa paroi; des chaînes, aujourd'hui brisées, sont suspendues au cintre; en avant de la large voie pavée que longe la muraille, de nombreux cafés, toujours pleins de fumeurs et de buveurs pittoresques, dressent leurs parois multicolores et leurs toits à larges auvents.

Des cyprès centenaires ombragent les cimetières qui s'espacent à perte de vue le long de la route d'Andrinople ; celle-ci s'éloigne en pente rapide et fuit vers le nord-ouest. Des cavaliers à la fière allure, des attelages remplis de femmes turques, vont et viennent; parfois une rumeur confuse s'élève et grandit soudain ; un cortège bizarre s'avance à la hâte ; c'est un mort riche ou pauvre, enveloppé dans un tapis de prix ou dans quelque châle loqueteux, que ses parents portent en terre, courant à qui mieux mieux, répétant sur tous les tons leur prière aiguë, nasillarde et précipitée.

C'est par cette poétique route d'Andrinople, autrefois voie romaine conduisant en Pannonie et en Dacie, aujourd'hui délaissée pour le chemin de fer de Roumélie, que l'armée du conquérant, immense et éclatante, vint investir Byzance. Plusieurs jours durant, les frondeurs crétois et les archers rouméliotes, postés sur le plus haut des tours, virent défiler sur ce plateau fortement ondulé la formidable série des régiments et des escadrons de l'Islam, fantastique réunion de cent races asiatiques diverses, soldats réguliers, janissaires et bachi-bouzouks, et ces vingt mille derviches et santons à la chevelure tressée, à la barbe démesurément longue, à l'aspect hâve et féroce, armés de haches, de casse-tête, de lances et de kandjars, accourus de toutes les provinces de l'immense monde musulman, poussés par l'espoir fanatique de voir enfin tomber la cité merveilleuse, but constant depuis sept siècles des efforts des khalifes et des sultans.

Cette route d'Andrinople est bien faite pour amener la rêverie des siècles écoulés. Ce pavé qui blanchit et rayonne au soleil a vu cent fois les larges files des cohortes byzantines, pesamment armées, se diriger sous la conduite des stratilates et des sébastocrators vers le Danube, par delà le Balkan lointain, pour repousser l'attaque de cette mer mouvante de barbares, toujours prêts à se ruer sur la métropole splendide, et qui avaient noms : Huns, Goths, Avares, Ouzes, Comans, Bulgares, Petchenègues ou Khazars. Que de fois aussi, après la catastrophe dernière, cette voie, tant foulée par les armées et les peuples errants du moyen âge, n'a-t-elle point vu les séraskiers et les grands vizirs entraîner les armées du Croissant vers ces mêmes bords du grand fleuve slave, pour y combattre le Serbe ou le Hongrois, eux aussi toujours vaincus et toujours recommençant la lutte. Voilà pour le passé ; qui sait ce que nous réserve l'avenir.

J'ai plus d'une fois mentionné la grande voie dallée qui longe le rempart depuis Chrysokéras jusqu'à Marmara. C'est ici qu'elle présente le plus de vestiges antiques, et les pavés énormes, encore en place, remontent, dit-on, au règne même de l'empereur Justinien, en plein sixième siècle. De l'autre côté de cette route continue à se dérouler une suite presque ininterrompue de beaux cimetières admirablement ombragés, avec de vastes échappées sur les premières campagnes de Roumélie, sur ces plateaux monotones et ces basses collines, dont les aspects immenses et non sans grandeur rappellent quelques-uns des sites les plus mélancoliques des approches de Rome.

Chacun sait que la porte Saint-Romain ou du Canon, est célèbre entre celles de Constantinople, pour avoir vu la fin tragique du dernier basileus byzantin. Constantin Dracosès, dès le début de l'investissement, avait choisi ce poste, comme devant supporter l'effort principal de l'artillerie ennemie et la plus grande violence des assauts. Par un examen attentif des lieux, basé sur la lecture des récits contemporains, M. Paspati croit être arrivé à pouvoir désigner avec une quasi-certitude le point précis de la muraille où périt l'empereur.

Ici, nous dit ce vieux Byzantin, aussi ému dans sa patriotique douleur que s'il avait été le témoin oculaire de cette lutte de héros, nous conduisant quelque peu à gauche de la porte lourde et massive, en avant et au pied même de la muraille, ici tomba, écrasé sous le nombre, Constantin Paléologue Dracosès, dernier empereur d'Orient, quatrième fils de Manuel II Paléologue et d'Hélène ou Irène Dracosès de Serbie. Le grand assaut de la nuit du 28 au 29 mai durait furieux depuis de longues heures. Les Byzantins étaient accablés de flèches, de pierres et de balles de fronde, les Turcs de feu grégeois, d'huile bouillante et de bitume fondu. Lorsque les colonnes d'attaque fléchissaient, elles étaient ramenées par des troupes fraîches disposées en arrière. L'empereur, après avoir communié avec l'impératrice au Palais des Blachernes, après avoir pris congé d'elle et demandé pardon à tous des fautes qu'il avait pu commettre, avait regagné son poste de combat, en faisant le long des tours de sa Ville bien-aimée cette ronde dernière dont Phrantzès nous a transmis le souvenir. Habillé comme un simple cavalier, sauf ses brodequins et son casque qui portaient l'aigle impériale, il avait repris sa place accoutumée à la tête de cette poignée de braves, combattant, non du haut des tours, mais, dans le péribole même, au-devant de la grande muraille. L'attaque, du reste, était générale ; pas un point de l'enceinte de

terre ou de mer qui ne fût battu par l'artillerie
de siège ou les canons de la flotte turque embossée dans la Corne-d'Or et tout le long de la rive
de Marmara; pas une porte ou une brèche qui
ne fût l'objet d'un assaut désespéré.

Sur la porte Saint-Romain flottait l'immense
bannière des Paléologues qui portait l'aigle
éployée et la grande croix cantonnée des quatre
fameux B symboliques, initiales du mot *basileus*
quatre fois répété. Déjà, les deux premières colonnes turques, combattant sur ce point, sous
les yeux du sultan, avaient été définitivement repoussées. C'était le tour des janissaires. Les défenseurs avaient été un moment ranimés par
l'arrivée d'une réserve suprême de quelques
centaines d'hommes, sous la conduite de Nicéphore Paléologue et de Démétrius Cantacuzène.
Puis était survenue la défection lamentable de
Jean Giustiniani. Gravement blessé sous l'aisselle par une flèche ou une balle, perdant tout
son sang, le Génois avait abandonné le rempart,
malgré les supplications de l'empereur. Les con-

temporains, aveuglés par la passion, l'ont accusé de lâcheté; mais la lecture des pages que lui a consacrées le docteur Mordtmann dans son récit du siège, semble lever tous les doutes et laver définitivement la mémoire de l'intrépide capitaine de cette tache infâme.

Quoi qu'il en soit, sa retraite forcée mit le découragement à son comble; encore une fois, la prouesse audacieuse du géant Hassan, qui, avec trente janissaires, était parvenu à se hisser jusqu'aux créneaux, avait été furieusement châtiée, et ces hardis compagnons, précipités à terre, avaient payé de leur vie leur folle entreprise; mais l'espoir en un succès final avait fui les défenseurs, et devant ces assauts sans cesse renouvelés, considérant leur petit nombre et l'immensité des masses turques, ils avaient compris qu'il leur restait seulement à mourir avec honneur.

Constantin, comparé par les contemporains à l'archange Michel, chef suprême des armées célestes, combattait l'épée en main. La première muraille était entièrement détruite, le fossé comblé sous la masse des cadavres et l'amoncellement des fascines; on luttait corps à corps, au-devant du rempart principal, dont les brèches étaient énormes. L'empereur encourageait à haute voix ceux qui l'entouraient; à ses côtés se pressaient Nicéphore et Théophile Paléologue, Démétrius Cantacuzène, François de Tolède, Jean le Dalmate, Maurice Cattaneo des seigneurs latins de Phocée. Soudain la panique, maintes fois comprimée, éclate plus pressante; un immense cri d'horreur parcourt la grande Ville, domine instantanément le bruit du combat et vient retentir comme un glas de mort aux oreilles des combattants de Saint-Romain. « La Ville gardée de Dieu est prise ! » crient des nuées de fuyards qui se précipitent vers le port de tous les points de la cité.

C'est l'entrée des Turcs par la *Kerkoporta* qui produit ce tumulte épouvantable, entrée qui précéda, je l'ai dit, de quelques instants à peine, la fin générale de la lutte. Il est probable même que l'empereur ne connut point cet épisode. A l'ouïe de cette clameur confuse, comprenant instinctivement qu'ils étaient tournés, les derniers défenseurs de Top-Kapou obéirent, affolés, au sentiment de la conservation. Ils voulurent, eux aussi, fuir et gagner la mer, dernière et périlleuse voie de salut ouverte aux vaincus. En vain l'empereur, les princes ses parents, et les chefs latins, se jettent, l'épée haute, devant les soldats; leur voix n'est plus écoutée !

J'ai dit que les assiégés combattaient adossés à la grande muraille; la porte Saint-Romain était leur unique voie pour rentrer dans la ville; tous s'y engouffrèrent à la fois avec les premiers Turcs qui les poursuivirent; en un instant, la voûte, obstruée de cadavres et de fuyards, ne permit plus ni d'entrer ni de sortir; huit cents Grecs et Latins moururent étouffés en ce lieu; Nicéphore Paléologue, Cantacuzène, Tolède, Cattaneo y périrent. Il est probable que Constantin, reconnaissant l'inutilité de toute résistance, voulut se retirer; mais, voyant la porte infranchissable, il continua de combattre, demandant à grands cris à ses compagnons de l'achever. A ce moment, dit Ducas, il reçut un furieux coup de pique au visage et tua le janissaire qui l'avait frappé; mais, presque au même instant, il fut de nouveau blessé par derrière, tomba comme une masse et expira aussitôt!

Près du château des Sept-Tours, bâti sur l'emplacement de l'antique Cyclobion, s'élevait la fameuse Porte-Dorée; les archéologues ont été longtemps en désaccord sur son indentification précise. Les gardiens nous refusent l'entrée du château transformé en poudrière. Quelques pas encore et nous atteignons la rive de la Propontide et cette tour de Marmara, si belle, si bien conservée, poétique entre toutes, qui marque l'angle extrême de l'enceinte et le point où le grand rempart du côté de terre vient se souder à celui qui longe la plage jusqu'à la pointe du Sérail.

Avec les beaux arbres qui l'entourent, la tour de Marmara, sentinelle avancée de Byzance vers l'Occident, forme un tableau saisissant ; ses belles assises de marbre réflètent le soleil couchant ; presque intacte, elle se dresse isolée et superbe, sur le rivage silencieux ; la mer, d'un azur profond, s'étend à perte de vue ; au loin, dans la brume du soir, blanchissent les sommets neigeux de l'Olympe de Bithynie. Il nous semble voir au plus haut des créneaux l'ombre géante du dernier des Constantin, venant seule au crépuscule, interroger l'immense horizon, et chercher inquiète sur la paisible Propontide les blanches voiles des galères de Gênes ou de Venise, qui doivent lui apporter ce renfort suprême tant promis par la chrétienté, tant et si vainement attendu.

Pensifs, rêvant des grands coups d'épée des Paléologues et des Comnènes, l'âme toute pleine de glorieux souvenirs, nous gagnons à regret les caïques qui nous attendent et nous emportent rapidement vers la Corne-d'Or.

SOUVENIRS D'ORIENT

UN TRAIN DE PLAISIR
A SARDES ET A PHILADELPHIE DE LYDIE

Bien des lecteurs du *Temps*[1] ignorent peut-être encore qu'un chemin de fer partant de Smyrne dans la direction de l'est et remontant le cours du fleuve Hermus, le Sarabat des Turcs, parcourt toute la Lydie, passe à Magnésie du Sipyle, à Sardes, où régna Crésus, et se prolonge depuis l'année dernière à plus de cent kilomètres dans l'intérieur jusqu'à Allahsher, l'ancienne Philadelphie, une des sept églises de l'Apocalypse. Traverser en wagon l'Ionie chantée par les poëtes, la Lydie où coule le Pactole légendaire, la Lydie, patrie du roi Candaule,

1. *Le Temps* du 4 avril 1877.

quelle profanation! s'écriera plus d'un, quelle brutale invasion de l'ingénieur du dix-neuvième siècle dans les plus vieux pays de l'histoire et de la fable! Qu'on crie au scandale devant le prosaïque sans-façon de l'industrie moderne, c'est fort naturel ; mais, pour ce cas particulier, nous réclamons quelque indulgence.

Le nouveau chemin de fer de Lydie procure en peu d'heures aux touristes trop pressés ou trop peu fortunés pour entreprendre un voyage complet d'Asie-Mineure, une telle somme de jouissances qu'il leur serait impossible d'atteindre autrement, que l'occasion serait vraiment mal choisie pour refaire une millième fois, au nom du pittoresque et de la couleur locale, le procès à la vapeur et aux systèmes perfectionnés de locomotion. N'allez pas croire cependant que, même avec les trains réglementaires de la ligne Smyrne-Kassabah-Allahsher, pour lui donner sa désignation officielle, le voyageur puisse visiter *commodément* les ruines de Sardes et de Philadelphie. En Orient, les chemins de fer eux-mêmes ne se conduisent point comme dans notre Occident pressé et fiévreux. La lenteur asiatique s'accommoderait mal de ces trajets rapides, de ces séjours à la minute brusquement écourtés par l'inexorable horaire. Le Musulman ou le Levantin qui quitte au matin le bazar de Smyrne ou le quartier franc pour gagner Kassabah ou Allahsher, qu'il peut atteindre en un petit nombre d'heures de chemin de fer, serait bouleversé à l'idée d'expédier ses affaires assez rapidement pour pouvoir regagner ses foyers le même soir. A ce compte, que deviendraient le kief et les longues heures méditatives à la porte des cafés entre la tasse bouillante et la cigarette parfumée?

Ceci vous explique pourquoi on ne peut aller et revenir de bien loin le même jour sur le chemin de fer de Lydie. Magnésie, à une distance de quarante kilomètres, et les points intermédiaires, peuvent seuls être visités de Smyrne en une journée. Pour aller plus loin, à Sardes, à Kassabah, à Philadelphie, il faut prendre au matin un train qui vous y conduit doucement, avec force arrêts; il y passe la nuit en vrai train turc, et le lendemain vous ramène tout aussi doucement aux hôtels de Smyrne. Or, pour le touriste n'ayant qu'une dose de résignation ordinaire, passer une nuit en ces parages orientaux est loin d'être une partie de plaisir. Si Allahsher possède des khans à installation primitive de nature à effrayer la majorité des voyageurs, Sardes même, ou plutôt l'emplacement qui fut Sardes, ne peut leur offrir que les tentes noires des nomades Yuruks et la gare provisoire, maisonnette en planches où ne couche même pas l'unique gardien qui, chaque soir, s'en retourne à Allahsher.

Heureusement qu'il est avec la compagnie des accommodements merveilleux. Elle a sur cette ligne nouvelle inauguré l'an dernier le système depuis plusieurs années mis en usage par sa voisine plus ancienne, la compagnie anglaise du chemin de fer de Smyrne à Aidin, pour permettre aux voyageurs de visiter rapidement les restes de la ville d'Éphèse. Lorsque les bateaux à vapeur venant de Syrie ou d'Athènes ont débarqué dans les hôtelleries de Smyrne un nombre de touristes suffisant, cette compagnie organise en leur faveur un train spécial et rapide qui, brûlant les stations intermédiaires, les transporte assez vite à la station d'Ayasolouk, d'où l'on visite les ruines célèbres, pour qu'ils puissent rentrer à Smyrne le même soir. Aujourd'hui on peut se rendre de la même manière à Sardes et plus loin encore. Il en coûte une ou deux livres pour parcourir à toute vapeur un des plus vieux royaumes de l'Asie et pour faire un pèlerinage aux restes vénérables d'une des plus antiques capitales du monde. C'est là, sans doute, une visite bien superficielle et bien rapide, mais, sur mille voyageurs qui vont de la sorte rafraîchir leurs souvenirs d'antiquité classique, combien y en aurait-il qui verraient Sardes, qui verraient Éphèse, sans ce précieux mode de locomotion? Malheureusement ces occasions sont rares, et bien des touristes passent à Smyrne, où l'on s'arrête peu d'ordinaire, sans pouvoir profiter du train spécial.

Un soir du mois de mai 1875, le bruit courut à l'hôtel de France, à Smyrne, que le consul général d'Angleterre offrait à ses nationaux de passage, parmi lesquels figuraient quelques hauts dignitaires de l'Église anglicane, un *lunch* à Philadelphie, à la suite duquel les invités du fonctionnaire britannique iraient visiter la ville du roi Crésus. Au nombre de ces austères personnages, se trouvaient l'évêque de Gibraltar, venu à Smyrne pour quelque confirmation de catéchumènes de la colonie anglaise, et son confrère le chapelain anglais de Bagdad ou de Mossoul. Quant à l'évêque de Jérusalem, qui était également à Smyrne, son grand âge et la fatigue d'une récente traversée ne lui avaient pas permis de se joindre à ses collègues. Ce fut après de vives sollicitations que l'organisateur de cette fugue épiscopale voulut bien nous autoriser à faire accrocher au train spécial un wagon à notre usage. Nous fûmes redevables à son obligeance d'une des plus merveilleuses journées d'un rapide voyage en Orient. Nous étions du reste les premiers touristes qui allions en chemin de fer sur cette ligne tout récemment prolongée, faire cette excursion de Sardes, réservée autrefois à de rares explorateurs décidés à courir tous les ennuis et tous les risques d'un voyage à cheval dans l'intérieur de l'Asie-Mineure. Un temps superbe, que seuls peuvent se figurer ceux qui ont visité au mois de mai la campagne de Smyrne, favorisait nos projets.

A sept heures précises du matin, nous étions prêts à monter en wagon. Tout le clergé protestant de Smyrne et de ses faubourgs était de la fête, jusqu'aux diaconesses prussiennes de l'hôpital évangélique. Le consul de Sa Majesté britannique, coiffé d'une haute et bizarre casquette brodée, en grand costume officiel galonné sur toutes les coutures, organisait rapidement le départ avec l'aide des employés supérieurs de la gare, tous Anglais. De superbes *kawas* à la ceinture transformée en arsenal, maintenaient au dehors la foule des Smyrniotes ébahis. La gare du chemin de fer d'Allahsher est, comme sa sœur aînée du chemin de fer d'Aidin, coquette, spacieuse et bien disposée. Tout y est distribué sur le modèle des gares anglaises. Les voyageurs pénètrent directement sur le quai d'embarquement. La police de la voie est faite dans toutes les stations de la ligne par des hommes magnifiques, dans les plus riches costumes monténégrins et albanais.

Nous prenons place dans notre wagon modestement attaché à la queue du convoi, et jusqu'au retour nous devons faire à peu près bande à part. Le train s'ébranle à grande vitesse ; il doit nous faire franchir en trois heures, en y comprenant les haltes indispensables, les cent vingt ou cent trente kilomètres qui nous séparent de Philadelphie. A peine sortis de la gare, nous franchissons sur un large pont de fer, le divin Mélès, le célèbre et microscopique fleuve de Smyrne. Nous passons rapidement au milieu des jardins et des vergers merveilleux tant de fois décrits, qui font à Smyrne, du côté de la terre, une si verdoyante ceinture. Décrivant une large courbe pour tourner l'extrême fond de la baie, nous traversons de charmants villages perdus dans les bosquets, riante banlieue de la grande métropole d'Asie-Mineure, où s'élèvent par centaines les villas des négociants smyrniotes et les cottages des résidents anglais. Dans les cafés et dans les jardins suspendus de la plage, la population de Smyrne accourt en foule le dimanche et les jours de fête, à pied, en bateau, en chemin de fer, voire même en omnibus.

Une courbe nouvelle, au pied d'un de ces hauts massifs de montagnes qui forment de toutes parts un fond si beau aux paysages du golfe de Smyrne, nous amène aux rives de l'Hermus. Nous devons suivre son cours presque jusqu'à l'extrémité de notre trajet. La plaine de Lydie n'est, à proprement parler, que la large et fertile vallée de ce fleuve. Son bassin et celui du Caystre, de beaucoup moins considérable, constituent à eux seuls l'ensemble de la province ancienne. Le dieu de ce fleuve, le vieil Hermos, couché sur un lit de roseaux, figure au revers des plus belles médailles antiques des villes qu'il arrose de ses eaux. Ses affluents rapides entraînent des montagnes et surtout de la chaîne du Tmolus, des alluvions dont la masse sans cesse grandissante forme dans le golfe de Smyrne, quelque peu à l'ouest de la ville, des atterrissements immenses. Ces sables s'étendent en plaine jaunâtre qui chagrine la vue et menace de rétrécir à tel point les abords du port de Smyrne, que les navires venant de la mer Égée sont forcés déjà de raser la côte opposée du golfe et défilent au pied de la verte montagne des « Deux-Frères ».

Plus nous avançons vers l'intérieur, plus le pays devient cultivé, plus la population paraît nombreuse. Nous traversons de petites stations auprès desquelles s'élèvent des villes et des villages entourés d'arbres fruitiers, de vastes cultures de coton, d'opium et de tabac. Parfois la vallée se resserre à tel point qu'à côté du bruyant Hermus il reste à peine la place nécessaire pour l'unique voie du chemin de fer. Sur les bords du fleuve, des arbres magnifiques sont groupés, tels qu'on en voit tant encore en Asie-Mineure, de ces arbres séculaires que n'a jamais mutilés le moindre coup de hache. Ce sont des châtaigniers, des micocouliers, des sycomores, des platanes gigantesques, et surtout une superbe espèce de chênes. Des mûriers et des figuiers d'un développement colossal entourent les habitations isolées. Dans les champs, sur les routes, on aperçoit ce grand mouvement de troupeaux qui frappe tant le voyageur nouveau venu sur la terre d'Orient ; ce ne sont que buffles, bœufs et moutons aux bergers pittoresques, escadrons de chevaux paissant en liberté, et surtout longues files de chameaux pesamment chargés, dont les étranges silhouettes viennent vous rappeler à tout instant combien l'Occident est loin et font ressortir une fois de plus cette immense confusion moderne qui fait figurer aujourd'hui dans un même paysage la lente et poétique caravane et la locomotive noire et enfiévrée.

Dans les gares se presse la foule bariolée attendant le train descendant qui va la transporter à Smyrne. L'Asiatique use plus qu'on ne le croirait du mode de locomotion nouveau mis à sa portée ; aucune description ne saurait donner une idée de la cohue multicolore et déguenillée qui encombre les wagons de dernière classe sur les chemins de fer d'Allahsher et d'Aidin. Tous, Turcs et Grecs, Juifs et Levantins, ceux du turban et ceux du fez, le prêtre et le soldat, le derviche couvert de vermine et le zeibek à la coiffure étonnante, tous jusqu'aux nomades Yuruks, jusqu'aux paysans sauvages de l'intérieur, vêtus de peaux de bêtes, se pressent et se coudoient dans les *boxes* étroits où les enferme à la hâte un employé anglais automatique et silencieux. La plupart des voyageurs indigènes gagnent aujourd'hui par le chemin de fer les points extrêmes des deux lignes en construction, points extrêmes d'où partent pour le centre les grandes caravanes, que jadis les touristes de passage à Smyrne allaient voir se former au pont si connu, près des grands cyprès qui sont au pied du mont Pagus. Les chameaux très nombreux que nous apercevons sur la route, transportent aux stations mêmes de la ligne les produits de l'intérieur.

La vallée s'élargit soudain. Nous sommes dans la magnifique plaine de Lydie, arrosée par l'Hermus ; elle se prolonge au loin vers la gauche jusqu'à une chaîne de montagnes, l'ancien mont Temnus, qu'on devine à l'horizon dans la brume du matin. C'est dans cette direction que sont Thyatire et Pergame. Car nous sommes sur la terre scripturaire des Sept Églises dont deux, Sardes et Philadelphie, sont sur notre route, et ceci explique l'affluence dans notre compagnie des dignitaires anglicans. Cette plaine est admirablement cultivée. Partout on voit ces beaux vergers où croissent à l'envi les arbres fruitiers qui presque tous nous sont venus de ces contrées ; l'amandier, l'abricotier, le grenadier, entremêlent à perte de vue les différents verts de leurs feuillages.

A notre droite, la montagne est tout près. Un immense et superbe rocher, aride, abrupt et noir, dresse vers le ciel sa silhouette énorme dont le sommet est voilé par des brouillards que n'ont point encore dispersés les rayons du soleil ; sur ses pentes inférieures, dont la verdure contraste avec la masse sombre qui est au-dessus, s'étale en longueur une ville considérable dont les nombreuses mosquées et les minarets disparaissent presque au milieu des grands arbres. Ce rocher, c'est le célèbre Sipyle où la triste Niobé fut transformée en pierre après avoir vu périr ses fils et ses filles sous les flèches d'Apollon. Cette ville, c'est Manissa, l'ancienne Magnésie du Sipyle, où les deux Scipion, par leur victoire sur Antiochus le Grand, donnèrent le coup de grâce à la puissance des Séleucides, une des grandes cités de l'Asie-Mineure byzantine, où Michel Paléologue se fit proclamer empereur, plus tard la capitale des puissants princes turcomans de Lydie ou du *Ssarukhan*, aujourd'hui chef-lieu du *sandjak* de ce nom.

Comme la plupart des villes d'Orient, perdues dans la végétation, parsemées de minarets et de blanches coupoles, Manissa produit de loin l'impression d'une ville superbe. L'illusion s'efface d'ordinaire, lorsqu'on pénétre dans des ruelles désertes et fangeuses. Manissa, que nous avons visitée en détail à peu de jours de là, fait quelque peu exception à cette règle. C'est une des villes les plus florissantes de l'Asie-Mineure, dernier rendez-vous de l'ancienne aristocratie musulmane. Ses bazars sont immenses, animés par le va-et-vient incessant de toute une province. Ses khans sont pleins d'une foule affairée; ses mosquées sont belles et bien entretenues. Des morts illustres ou vénérés sont ensevelis tout auprès. On voit encore les ruines du vieux palais de ces princes turcomans qui commandaient à quarante mille cavaliers d'élite, qui imposaient des tributs aux Génois de Chio, de Métclin et des deux Phocée, qui résistaient aux empereurs de Byzance, et dont les flottes luttaient contre les escadres combinées du pape, de Venise, de Gênes, du roi de Chypre et du grand-maître de l'Hôpital.

Après une courte halte, nous reprenons notre course, et c'est à peine si nous distinguons, sur les parois du Sipyle, l'emplacement de cette statue célèbre taillée dans le roc, buste informe et mutilé dont on a voulu faire Niobé pleurant la mort de ses enfants. Les stations se succèdent. L'Hermus, dont le cours s'est éloigné, disparaît dans les cultures ; à notre droite, le Sipyle est remplacé par une nouvelle chaîne de montagnes à formes étranges, à couleur rougeâtre si prononcée, à crête à tel point déchiquetée que l'impression en est des plus extraordinaires. Certes, ce ne sont plus là les courbes bien connues des montagnes d'Europe. Que cette chaîne fantastique convient bien à cette terre de Lydie dont la mystérieuse histoire se démêle à peine au milieu des fables et des traditions d'une des plus anciennes races du monde ! Cette magnifique rangée de montagnes s'appelle le Tmolus. Elle traverse toute la Lydie et sépare le bassin de l'Hermus de celui du Caystre, le fleuve aux cygnes. A travers quelques échappées on aperçoit des vallées plus profondes, désertes, sauvages et boisées, mais le premier plan est aride et nu. Nous passons, sans nous arrêter, par la ville de Kassabah, centre important de culture cotonnière. La chaleur devient accablante, et, sous ce ciel de feu, de nombreux troupeaux de chameaux agenouillés couvrent les immenses prairies qui entourent la ville. Nous assistons à la panique d'une de ces caravanes campée trop près de la voie. Lorsque la locomotive passe avec fracas, tous ces grands animaux effarés se relèvent d'un bond, se débarrassent en un clin d'œil de leur fardeau et fuyent en tous sens, bondissant avec des ruades difformes, tandis que leurs gardiens, réveillés en sursaut, remplissent l'air de leurs clameurs.

Sur la droite, la montagne se rapproche encore davantage. Parmi quelques mamelons arides, un plus élevé attire les regards ; c'est la célèbre acropole de Sardes, au pied de laquelle sont les ruines de la ville antique. Le chemin de fer franchit, sur un pont de construction britannique, une rivière, ou plutôt un torrent. Hélas ! c'est le Pactole, descendant du Tmolus, et qui, en place de paillettes d'or, court mêler à l'Hermus ses flots rouges et bourbeux. Sur la gauche, dans la plaine moins fertile, on distingue au loin un groupe nombreux d'éminences arrondies. Ce sont les tombes des vieux rois des Lydiens, de Crésus et de ses pères ! C'est au retour que nous devons visiter les ruines de Sardes. Pour l'heure, la locomotive pressée nous entraîne quelques lieues encore à travers un paysage asiatique plein de grandeur.

Nous sommes arrivés. Une ville laide, grise et pauvre s'étend sur la droite ; c'est Allahsher, l'ancienne Philadelphie, depuis dix-huit mois tête de ligne du chemin de fer. Les travaux de prolongement sont entrepris jusqu'à Ouchak, l'ancienne Trajanopolis, où se fabriquent les plus beaux tapis d'Anatolie. Si la guerre et une administration sans nom n'avaient vidé peut-être pour toujours les coffres des sultans, on verrait bientôt ces chemins de fer d'Allahsher et d'Aidin, reliés d'une part avec Constantinople par Scutari, de l'autre avec Konieh, la plus grande ville de l'Asie-Mineure centrale, jeter par-dessus le Taurus, vers l'Euphrate et la Mésopotamie, les premiers tronçons du grand transcontinental asiatique.

Tandis qu'à la voix de leur consul, les enfants d'Albion se groupent en colonnes serrées qu'émaillent les rouges couvertures de l'indispensable Guide Murray, et vont sous la conduite d'un cicerone autorisé visiter les ruines de la ville qui fut une des Sept Églises, nous courons de notre côté jeter un coup d'œil sur ces restes vénérables.

L'impression est lugubre. Pour le commun des touristes, Philadelphie ne vaut pas la peine d'une visite. Celle-là, du moins, est une vraie ville turque, poussiéreuse et délabrée. Il est midi. Les rues sont désertes; seuls, quelques misérables chiens nous regardent passer. A travers les épais grillages en bois des fenêtres, c'est à peine si parfois on devine une forme indécise qui se soulève lentement pour voir défiler les *giaours*. Les ruines même de la Philadelphie grecque, romaine et byzantine, les substructions de ses vingt-quatre églises n'ont d'intérêt que pour l'archéologue de profession. Ses vieilles murailles sont encore debout, à demi écroulées, à demi dérobées à la vue par des constructions modernes. Et pourtant Philadelphie eut ses jours de prospérité et presque de grandeur. Ce fut une ville grecque célèbre. Ses médailles sont frappées aux plus beaux types de l'antiquité. Sous les Byzantins et jusqu'en plein moyen âge, ce fut une forteresse importante que se disputèrent longtemps les empereurs de Constantinople et les sultans d'Iconium. Les fameux aventuriers catalans du césar Roger de Flor y vinrent en 1304, combattant à la solde d'Andronic Paléologue contre les émirs turcomans d'Anatolie.

A notre retour de la ville, nous trouvons sur le quai de la gare nos compagnons les Anglais assis à une table improvisée et somptueusement servie, et la présence en ces lieux de ces uniformes brodés, de ces sombres lévites épiscopales, des robes vertes et des voiles bleus des dames, forme avec la foule asiatique lentement amassée un contraste qui, pour n'être pas nouveau, n'en est pas moins amusant. Le champagne et l'ale coulent à flots. Les hurrahs répondent aux toasts. Un évêque s'anime en parlant des Sept Églises. Puis les *kawas* enlèvent prestement le couvert, tandis que des naturels sans délicatesse vendent aux touristes de fausses médailles antiques, rebut des brocanteurs de Smyrne, qui ont trouvé ce moyen commode d'écouler le plus mauvais de leur marchandise.

La chaleur est telle au retour que bien des paupières se ferment un instant. C'est du reste la partie la plus monotone de la route. Nous voici de nouveau à l'humble station de Serdik ou Sart qui dessert les ruines de Sardes. Cette fois l'intérêt est palpitant. Ces mots magiques de Sardes, de Crésus, de Pactole, ont réveillé l'ardeur des plus indifférents. Nous remontons à pied le cours du torrent célèbre qui traversait l'agora de la ville antique. De tous côtés, parmi les broussailles, l'œil devine des ruines basses et misérables, substructions de théâtres, de bains, de stades, ruines sans beauté comme sans valeur ; mais ce sont celles d'une de ces villes premières dont le nom a le privilège de faire battre tous les cœurs épris des vieux souvenirs. Nous courons aux seuls restes de quelque importance et qui seuls mériteraient qu'on vienne de Smyrne pour les voir, les deux colonnes restées debout du temple de Cybèle. Sur notre route nous passons devant de nombreuses tentes de nomades Yuruks. Leurs enfants nous jettent de loin des injures, et leurs chiens féroces nous feraient un mauvais parti, si, aux cris de nos *kawas*, des femmes noires et sauvages ne sortaient des tentes pour retenir à force de bras ces gardiens fidèles.

On a décrit bien des fois l'aspect imposant des deux superbes colonnes du temple de Cybèle, sous ce beau ciel d'Orient, au milieu de cet encadrement splendide de collines vertes et nues adossées à des monts boisés. Vers le fond du tableau, une vallée sombre, sauvage, dont les pentes disparaissent sous une haute végétation, rappelle quelques-unes des plus belles gorges de l'Apennin vers Subiaco ou Olevano. Seules, parmi leurs sœurs gisant à terre, les deux colonnes à moitié enfouies dressent leurs fûts énormes et leurs lourds chapiteaux aux proportions admirables. Que devait être ce temple dont les débris couvrent le sol de toutes parts! C'est à peine si l'on a dégagé quelque peu les colonnes restées debout; les autres sont éparses, brisées ou entièrement disparues sous la végétation. Les rares touristes, les voyageurs intrépides qui, avant la construction du chemin de fer, sont venus jusqu'ici, ont osé graver profondément leurs noms obscurs dans la pierre des deux colonnes. Il y a entre autres la signature gigantesque de je ne sais quel peintre danois qui nous inspire un réel désespoir. Quelques-uns de ces noms sont du commencement de ce siècle ou même de la fin du dix-huitième.

Malgré les rayons de ce soleil asiatique, les plus courageux parmi nous ne veulent pas quitter ces lieux sans avoir gravi le rocher de l'acropole. L'ascension est des plus rudes sur des pentes presque droites et sur un gazon glissant. L'évêque de Gibraltar nous montre le chemin. Ce petit homme sec et nerveux gravit presque en courant par une chaleur épouvantable les flancs de la montagne; il arrive le premier au sommet et contemple d'un air de pitié profonde son secrétaire, qui se traîne essoufflé sur ses pas. L'infortuné nous confie douloureusement qu'ils mènent cette vie depuis deux mois bientôt et qu'ils en ont pour deux mois encore.

Sur le haut de cette acropole qu'une triple enceinte défendait naguère, il ne reste aujourd'hui que quelques pans de murailles informes.

Il faut des prodiges d'équilibre pour s'y maintenir. Sous nos pieds, des parois toutes droites, d'une hauteur vertigineuse font comprendre de quelle force devait être cette position dans l'antiquité. Et quelle vue superbe de ce sommet, quel spectacle qu'on ne peut oublier ! Derrière nous, c'est la chaîne de Tmolus ; à nos pieds se déroule la plaine de Lydie dans toute sa splendeur printanière encadrée par de lointains sommets. C'est dans cette vaste étendue que se sont livrées les batailles qui ont décidé du sort des plus vieux peuples de l'Asie-Mineure. C'est ici que Gygès, à l'anneau magique, vit ses soldats lydiens écrasés par les lourds bataillons d'Assour-ban-habal, le roi de Ninive; c'est ici que Crésus, fils d'Alyattès, après avoir étendu les bornes de son empire des rives du Pont-Euxin à celles de la Méditerranée, après avoir ébloui tout le monde ancien de son faste inouï, fut mis en déroute par les Perses de Cyrus qui avait mis des chameaux sur le front de son armée et effrayé de la sorte les chevaux de la cavalerie lydienne, la meilleure qu'il y eût au monde.

Dans le lointain court un filet d'argent, c'est l'Hermus. Une large tache bleue brille au soleil, c'est le lac Gygée dont le nom rappelle ce berger Gygès qui fut l'amant d'une reine, ce meurtrier du roi Candaule devenu par son crime souverain de Lydie et fondateur d'une dynastie nouvelle. Plus près de nous, ces éminences nombreuses disposées en files régulières, sont les vastes tumulus des princes de Lydie, buttes gigantesques que les Turcs appellent les « mille tertres », et que de loin on prendrait pour un groupe de collines. On a fouillé de nos jours cette vaste nécropole et en particulier le plus grand de ces tombeaux, celui du roi Alyattès, l'adversaire du Mède Kyaxarès, tombeau dont Hérodote déjà comparait la grandeur à celle des monuments de Babylone et d'Égypte. Lorsqu'on parvint aux chambres sépulcrales, il se trouva qu'elles avaient été violées depuis des siècles et qu'elles étaient vides de leurs trésors. Sans doute, quelque armée victorieuse ou quelque peuplade barbare, attirée par la renommée fabuleuse des richesses de Crésus et de ses prédécesseurs avait, il y a deux mille ans, pris l'initiative de ces fouilles gigantesques. M. Choisy a retrouvé les débris de lits en pierre d'une rare élégance sur lesquels durent être couchés ces morts royaux.

Chacun de nous avait peine à détacher les yeux du grand spectacle de cette plaine historique. Nous ne nous lassions point de fouler le sommet de cette acropole qui vit tant de sièges célèbres. C'est dans cette citadelle que se joua le dernier drame de la chute si rapide de Crésus; c'est là qu'il dut la vie à la tendresse filiale de son dernier né. Ce furent ces mêmes murailles qui virent le premier acte des grandes guerres entre les Perses et les Grecs. Sardes fut prise et brûlée par les Ioniens soulevés, alliés aux Athéniens. Darius, pour se venger, envoya Mardonius se faire battre à Platée. Ce fut encore à Sardes, devenue, depuis la ruine du royaume de

Lydie, la résidence d'un satrape perse, que Xerxès passa l'hiver qui précéda sa grande expédition contre les Grecs. Cyrus le Jeune y rassembla ses forces pour marcher contre son frère Artaxerxès ; Antiochus le Grand y assiégea pendant une année entière l'usurpateur Achæus.

Rendus pensifs par tant de grands souvenirs, nous regagnons, parmi les vestiges épars de la ville disparue, le train qui nous ramène rapidement à Smyrne. Le soleil se couche majestueusement vers la mer Égée ; sur les routes on voit les cavaliers, les piétons s'arrêter soudain, mettre les genoux en terre et réciter la prière du soir. Puis la nuit tombe tout à fait, une nuit d'Asie, splendide, lumineuse, tout embaumée de mille parfums. De mystérieuses lumières brillent au flanc du Sipyle. A Magnésie, une foule nombreuse envahit la gare ; elle vient assister au départ du gouverneur rappelé à Constantinople, victime de quelque intrigue de sérail. Un train spécial va l'emmener à Smyrne avec son harem, ses enfants et ses serviteurs.

Ce fonctionnaire turc a grand air, sa personne respire le commandement. C'est un fils, nous dit-on, du fameux Ali de Janina, échappé au massacre de 1822. Sa première femme est une superbe créature, grande, élancée, toute jeune encore. Sous son *iachmak* d'une entière transparence, on distingue sans peine un visage de l'ovale le plus pur, au teint d'un blanc mat. Un immense *féredgé* qui l'enveloppe entièrement ne parvient pas à dissimuler l'extraordinaire élégance de sa taille. D'horribles bottines européennes et une ombrelle à manche démesuré, de fabrique française, telle qu'en portent nos élégantes de Biarritz ou de Trouville, viennent jeter leur note grotesque dans ce gracieux ensemble. Le pacha échange un salut avec le consul anglais, et nous repartons aussitôt. A onze heures du soir, nous étions de retour à l'hôtel de Smyrne.

FIN

TABLE

	Pages
Les îles des Princes	1
L'église et le palais des Blachernes. — La grande muraille de Byzance	307
Souvenirs d'Orient. — Un train de plaisir à Sardes et à Philadelphie de Lydie	397

Imprimeries réunies, B.

NOUVEAUX OUVRAGES EN VENTE

Format in-8°.

DUC DE BROGLIE f. c.
FRÉDÉRIC II ET MARIE-THÉRÈSE, 2 vol. 15 »

VICTOR HUGO
TORQUEMADA, 1 vol.................. 6 »

A. BARDOUX
LE COMTE DE MONTLOSIER ET LE GALLICANISME, 1 vol................ 7 50

BENJAMIN CONSTANT
LETTRES A MADAME RÉCAMIER, 1 vol. 7 50

LORD MACAULAY
ESSAIS D'HISTOIRE ET DE LITTÉRATURE, 1 vol.................. 6 »

L. PEREY & G. MAUGRAS
DERNIÈRES ANNÉES DE MADAME D'ÉPINAY, SON SALON ET SES AMIS 1 vol. 7 50

MADAME DE RÉMUSAT f. c.
LETTRES, 2 vol.................. 15 »

ERNEST RENAN
INDEX GÉNÉRAL DE L'HISTOIRE DU CHRISTIANISME, 1 vol........... 7 50
SOUVENIRS D'ENFANCE ET DE JEUNESSE, 1 vol.................. 7 50

JULES SIMON
DIEU, PATRIE, LIBERTÉ, 1 vol...... 7 50

THIERS
DISCOURS PARLEMENTAIRES. T. I à XV. 112 50

VILLEMAIN
LA TRIBUNE MODERNE, 2 vol........ 15 »

Format gr. in-18 à 3 fr. 50 c. le volume.

J. J. AMPÈRE vol.
VOYAGE EN ÉGYPTE ET EN NUBIE...... 1

TH. BENTZON
TÊTE FOLLE..................... 1

DUC DE BROGLIE
LE SECRET DU ROI............... 2

F. BRUNETIÈRE
LE ROMAN NATURALISTE........... 1

CHARLES-EDMOND
LA BUCHERONNE................. 1

G. CHARMES
LA TUNISIE..................... 1

GEORGES ELIOT
DANIEL DERONDA................ 2

O. FEUILLET
HISTOIRE D'UNE PARISIENNE....... 1

ANATOLE FRANCE
LE CRIME DE SYLVESTRE BONNARD... 1

J. DE GLOUVET
LA FAMILLE BOURGEOIS........... 1

GYP
AUTOUR DU MARIAGE............. 1

LUDOVIC HALÉVY
L'ABBÉ CONSTANTIN............. 1
CRIQUETTE..................... 1

VICOMTE D'HAUSSONVILLE
A TRAVERS LES ÉTATS-UNIS........ 1

PAUL JANET
LES MAITRES DE LA PENSÉE MODERNE... 1

EUGÈNE LABICHE vol.
THÉATRE COMPLET............... 10

MADAME LEE CHILDE
UN HIVER AU CAIRE............. 1

PIERRE LOTI
FLEURS D'ENNUI................. 1

MARC MONNIER
UN DÉTRAQUÉ.................. 1

MAX O'RELL
JOHN BULL ET SON ILE........... 1

E. PAILLERON
LE THÉATRE CHEZ MADAME......... 1

GEORGES PICOT
M. DUFAURE, SA VIE, SES DISCOURS... 1

A. DE PONTMARTIN
SOUVENIRS D'UN VIEUX CRITIQUE... 3

P. DE RAYNAL
LES CORRESPONDANTS DE J. JOUBERT... 1

G. ROTHAN
L'AFFAIRE DU LUXEMBOURG....... 1
LA POLITIQUE FRANÇAISE EN 1866... 1

GEORGE SAND
CORRESPONDANCE............... 4

DE SÉMÉNOW
SOUS LES CHÊNES VERTS........... 1

JULES SIMON
LE GOUVERNEMENT DE M. THIERS... 2

E. TEXIER ET LE SENNE
LE TESTAMENT DE LUCIE........... 1

LOUIS ULBACH
CONFESSION D'UN ABBÉ........... 1

Collection de luxe petit in 8°, sur papier vergé à la cuve.

LUDOVIC HALÉVY vol.
DEUX MARIAGES................. 1
LA FAMILLE CARDINAL........... 1

J. RICARD
PITCHOUN!..................... 1

CAMILLE SELDEN vol.
LES DERNIERS JOURS DE HENRI HEINE.. 1

JULES SIMON
L'AFFAIRE NAYL................. 1

***
LA VIE PARISIENNE SOUS LOUIS XVI..... 1

www.ingramcontent.com/pod-product-compliance
Lightning Source LLC
Chambersburg PA
CBHW050917230426
43666CB00010B/2211